Golluscio, Néstor

Remadores : entendiendo el liderazgo cristiano / Néstor Golluscio ; Editado por Javier Ricardo Martínez Méndez. - 1a ed. - Bahía Blanca : Oración Publicaciones, 2024.

220 p. ; 21 x 15 cm.

ISBN 978-631-00-6468-0

1. Liderazgo. 2. Cristianismo. 3. Pastoreo. I. Martínez Méndez, Javier Ricardo, ed. II. Título.

CDD 230

Escritor:Néstor Golluscio
Editor: Martínez Méndez, Javier Ricardo
Diseño de tapa: Gerardo Fiorito | IG @syp_estudio

DEDICATORIA

Dedico este libro a los presentes y futuros "remadores" del Reino de Dios quienes probablemente recibirán al Señor con las manos en el arado.

AGRADECIMIENTOS

Estoy más convencido que nunca de que la gratitud es una hermosa llave de bendición para quien hace de ella un estilo de vida. Es por tal motivo que quiero convertir en palabras los gestos físicos que gustosamente realizaría si tuviera la posibilidad de llevarlos a cabo.

No son pocos los "remadores" que me inspiraron a lo largo de las décadas pasadas a realizar el ejercicio, consciente o inconsciente, de imitarlos: desde el recuerdo vívido de la tarea de mis padres, Antonio e Irene, quienes entregaron sus años maduros al servicio del Señor en la pequeña congregación de la localidad de Lomas de Zamora, hasta quienes fueron mis pastores en la adolescencia y juventud, Don Felipe Martínez y Don Ángel Iraavedra. Este último, en 1976, me dio la oportunidad de tener un "devocional público" sobre el libro de Jonás. Ellos ya no están de este lado del sol, pero honro sus memorias y le agradezco a Dios por haberlos colocado en mi historia personal.

Soy un agradecido al Señor también por haber tenido la oportunidad de recibir mi educación teológica inicial hace más de 40 años en el Seminario Internacional Teológico Bautista, donde un respetado grupo de profesores impregnaron sus conocimientos y compartieron sus experiencias con cada uno de nosotros. Cómo olvidar a hombres como Stanley Clark, Andrés Glaze, Kent Balyet, Floreal Ureta, Roberto Garrct, Ignacio Loredo, Pablo Deiros, Carlos Villanueva, Daniel Tinao, Juan Stancil, Tomás Mackey, entre tantos otros, quienes colaboraron de manera tan precisa para que centenares de obreros pudiéramos oficiar como "remadores" en la presente generación.

¡Cuánta gratitud hay en mi corazón por los "remadores" que conocí al comenzar, en 1982, mi ministerio, como el misionero Roberto Crokket, quien fue el instrumento de Dios para "oficializar" mi pastorado!

Toda esta gratitud, que paradójicamente podría convertirse en una gran injusticia al omitir tantos otros nombres que merecerían estar en estas líneas, ha sido el combustible que me dio la energía para poder escribir esta obra.

Concluyo agradeciendo y reconociendo a tres "remadores" que, de una manera muy particular, han contribuido con este trabajo: al profesor Javier Martínez, por transcribir y editar el contenido del presente material; a Gerardo Fiorito, por su original y profesional diseño de tapa, que ayuda de manera notable a interpretar el sentido de la obra; y, finalmente, a mi amigo, el apóstol Juan Ballistreri, por el profundo prólogo realizado para esta obra. No creo exagerar —aunque mi subjetividad pueda traicionarme— al considerar a Juan como uno de los pensadores del Reino más relevantes de América Latina.

PRÓLOGO POR
JUAN BALLISTRERI

Nunca es una tarea fácil escribir un prólogo o un pensamiento introductorio para un libro, especialmente por la responsabilidad que esto conlleva. Aceptar esta responsabilidad significa que tanto el libro como la persona detrás de él tienen un significado especial, al menos para mí.

Conocí a Néstor Golluscio hace algunas décadas, en un contexto de pura acción. Éramos más jóvenes y pudimos disfrutar plenamente de lo que hoy conocemos como la obra de Dios y la apasionada predicación del evangelio en lugares que, en mi caso, no conocía y que descubrí gracias a mi querido Néstor. Durante esos años, nos vimos intensamente y compartimos esta gloriosa tarea. Sin embargo, la vida, las demandas y las agendas nos distanciaron.

Cuando el libro *Remadores* llegó a mis manos, fue como haber vivido toda una vida junto a Néstor. Al leer sus páginas, una por una, sus columnas y sus definiciones, sentí que este libro responderá a la demanda constante de los oyentes y participantes de la iglesia y las congregaciones en cuanto a una pregunta reiterativa: ¿Cómo llevar a la práctica lo que se escucha? Este libro es, precisamente, vida práctica.

Conocí a Néstor en su labor pastoral, comprometido con la iglesia. Pero también he visto, a lo largo de los años, que las limitaciones y nombramientos que teníamos eran solo nuestra visión. Hoy, ver la obra apostólica realizada a través de mi hermano y toda su casa ha alegrado profundamente mi corazón.

También considero que las posibilidades de que todos lleguemos a la meta suprema ya están consumadas en Cristo en la realidad espiritual. Sin embargo, en la temporalidad humana, siempre radican en el entendimiento de haber sido convocados por el Rey a participar en la única embarcación que espera que nos reportemos como sus remadores. Esta ardua labor debe desarrollarse desde un liderazgo competente que asuma la responsabilidad de hacer avanzar la nave de su Señor hasta su destino planteado en las costas del corazón humano.

Esta embarcación magnífica es la gloriosa iglesia de Cristo, y sus remadores son los ministros competentes que, como líderes remadores, han asumido esta obra de gracia y verdad. Alcanzar la medida del varón perfecto es la meta por la cual todos están remando a buen ritmo y al sonido del órgano recto que es el Espíritu de Cristo.

Asumida esta realidad, es necesario contar con agentes especializados en esta materia, que nos alumbren los pormenores de la operación interna y externa de esta nave. De esta manera, cada *Juperete-Remador* pueda gestionar en su lugar asignado, esto es, en todo ámbito a donde el Señor le haya dado influencia para remar de continuo, logrando una trascendente edificación.

Esta obra literaria de trabajo práctico conlleva un importante tiempo de laboratorio y de recolección in situ de las muestras de campo, tan necesarias para certificar que un planteamiento es confiable y demostrable para todo el liderazgo cristiano a quien va dirigido.

Por estas razones, estoy convencido de que mi querido Néstor tiene la posibilidad y el momentum para describirnos magistralmente lo que el Señor le ha encomendado dar a conocer. A mi parecer, se le debe prestar atención en días tan convulsos como los que vivimos, debido a la falencia de un liderazgo remador que ayude a desarrollar una mentalidad generacional más óptima en cuanto a la práctica del servicio transformador, en lugar de las tóxicas aspiraciones del liderazgo que promueve un cargo y una posición para el beneficio de muy pocos.

Debemos convenir como generación que abordar esta situación exigirá de nosotros algunas premisas absolutas. Por ejemplo, debemos exculpar a Dios de toda la malformación que, respecto al liderazgo, se haya aceptado como parte del diseño divino. Debemos definir que la sustancia del servicio no es posible suministrarla sin que esta proceda del Señor, ya que todo lo que el líder remador haga sin esta sustancia puede significar muchas cosas para los hombres, pero de ninguna manera significará servicio aprobado ante nuestro Dios, entre otras.

Por esta razón, quiero animarte, querido líder remador, a que dediques tiempo a cada capítulo y, en la medida que vayas descubriendo los principios, los pilares y las recomendaciones que encuentres en sus páginas, puedas ir reflexionando y haciendo la praxis de trabajar esta palabra en todos los estándares del servicio que expresas en esta magna embarcación. De seguro, traerá mucho refrigerio a tu corazón y quienes te rodean disfrutarán de una edad más exacta del servicio al Reino de Dios.

Finalmente, considero este libro un regalo al Cuerpo de Cristo. Puedo dejar en tus manos una obra que ha de inspirarnos a todos en esta maravillosa concesión del Rey: ser sus *juperetes*, sus remadores de tercer grado, aquellos que llevan en sus hombros la responsabilidad de generar el avance generacional de la gloriosa iglesia de nuestro Señor.

Juan Ballistreri.—

esta maravillosa concesión del Rey: ser sus *juperetes*, sus remadores de tercer grado, aquellos que llevan en sus hombros la responsabilidad de generar el avance generacional de la gloriosa iglesia de nuestro Señor.

INTRODUCCIÓN
REMADORES

La abundancia de materiales escritos y audiovisuales sobre liderazgo es extremadamente amplia, diversa y numerosa. Recorrer los pasillos de las grandes librerías comerciales confirmaría sólidamente la afirmación precedente. Desde los títulos más sugestivos y provocadores hasta los más técnicos, inundan las vidrieras de las casas comerciales, tanto físicas como virtuales, que se encargan de hacer llegar al público lector las novedades literarias que pretenden divulgar. Es claramente movilizadora la pregunta: "¿Por qué hay tantos materiales sobre liderazgo?" Y es allí donde, de manera noble, debemos ensayar una respuesta que intente satisfacer no solo nuestro apetito intelectual, sino también nuestras necesidades emocionales y, sobre todo, espirituales, en un tema tan atrapante.

Primeramente, quiero señalar que el tema del liderazgo se analiza tanto porque, en el desarrollo de la historia del hombre, fueron los líderes quienes instrumentaron los cambios para un mejoramiento o deterioro de las circunstancias contextuales que les tocó vivir. Tanto en la ciencia, en el arte, en los deportes, en la política como en cualquier otra disciplina social, hubo personas que "lideraron", de manera consciente o no, modificaciones en aquellas áreas en las que les tocó actuar. Aún liderazgós perversos y tóxicos, como el de Adolfo Hitler en la Europa de las décadas del ´30 y del ´40 del siglo XX, plasmados en la ideología publicada en su obra *Mi*

Lucha[1], finalmente, sirvieron para que gran parte de la humanidad tomara conciencia de lo ocurrido y las naciones crearan organismos preventivos que evitaran experimentar nuevamente semejante monstruosidad[2].

En segundo lugar, este autor cree que la abundancia de materiales sobre el liderazgo tiene un fuerte condimento emocional. La palabra "líder" suena bien. Produce un efecto muy seductor, especialmente en aquellos que, por razones muy extensas de detallar en este espacio, tienen su autoestima un tanto baja y ven en el término que estamos analizando una panacea motivacional lo suficientemente estimulante para superar cualquier estación almática negativa. En el caso de este servidor, cuando en la adolescencia, en las experiencias deportivas escolares, me llamaron "líder", produjo el efecto mencionado, que se extendió cuando, ya superada esta etapa, me "etiquetaron" con la palabra mencionada, pero ya en funciones de servicio al Señor.

En tercer lugar, el tema del liderazgo es tan recurrente e insistente por una razón claramente práctica: necesitamos líderes. La sociedad, para que funcione medianamente bien, no puede prescindir de ellos, y la iglesia, como agencia del Reino de Dios, debe identificarlos y ofrecerles los espacios necesarios para el desarrollo de su asignación.

Finalmente, a mi entender, la razón más relevante por la cual existen tantos materiales de liderazgo es por la acción intrínseca que conlleva la tarea de liderar: guiar, conducir, direccionar, persuadir, orientar, presidir, legar y delegar. Cada uno de los verbos

---

[1] *Mi lucha*, Adolf Hitler. Legorreta (2024).

[2] Digo esto en relación con la creación de las Naciones Unidas, 24 de octubre de 1945.

mencionados anteriormente lo podemos encontrar en el "líder" por excelencia: Jesús de Nazaret. Su liderazgo fue tan impresionante que la civilización entendió que la historia había que dividirla en un antes y un después de su maravillosa, extraordinaria y sobrenatural aparición.

Es en el marco de estos razonamientos que nos planteamos la siguiente pregunta: "¿Qué tipo de líderes necesitamos en esta hora?". Y, es allí que aparece "Remadores". El término no es original, ni creativo, ni producto de una fina imaginación. "Remadores" es un término bíblico que aparece en la primera carta del apóstol Pablo a los Corintios, en el capítulo 4, versículo 1. Las traducciones bíblicas siempre tienen el noble objetivo de hacer comprensible el mensaje de Dios en los idiomas naturales de los lectores u oyentes, razón por la cual, en la mayoría de las versiones castellanas, se traduce el término del pasaje mencionado como ministros, servidores o ayudantes de Cristo. Lo tremendamente revelador es que el término griego que aparece en el texto mencionado es *huperetes*[3], que significa remador o sub-remador, haciendo directa referencia al esclavo que tenía que estar en el extremo del galeote o embarcación, haciendo el mayor esfuerzo por medio de sus remos.

Nos resulta imposible, a los que amamos investigar las Sagradas Escrituras, no ver en este texto una sólida respuesta teológica e ideológica del apóstol Pablo a los insólitos cuestionamientos que le hacían algunos creyentes de la iglesia en Corinto respecto a su ministerio. La inmadurez de una importante masa de creyentes en aquella ciudad griega provocaba preguntas como: "¿Quién se cree que es Pablo?", "¿Qué autoridad tiene sobre nosotros?", "¿Por qué

---

[3] Según concordancia Strong 5257: hupéretés (ὑπηρετέω): ministros, servidores, criados, un subordinado, criado.

nos habla de esa manera?". Y, es allí donde el apóstol de Tarso, inspirado por el Espíritu Santo, pero con el sello distintivo de una característica personalidad, les responde: "Soy un *huperetes*, soy un remador, soy un esclavo de Cristo". Llamativamente, no muestra las "jinetas" ministeriales que tranquilamente podría exhibir como fundador e iniciador de la iglesia en Corinto, sino que se define como remador. Con la convicción de que la iglesia de Cristo, y también la sociedad actual, necesita "remadores", es que este libro está en sus manos. En el presente ensayo, ofrezco una serie de "tips" o sugerencias para el liderazgo, pero con una carga especial en el liderazgo pastoral.

Resulta profundamente llamativo, y posiblemente casual, que en la cultura argentina, de la cual formo parte, existe un dicho popular en referencia a atravesar circunstancias difíciles y adversas que se manifiesta con la expresión: "Hay que remarla". Es exactamente así. Como veremos en el liderazgo, "hay que remarla", con la consiguiente carga de esfuerzo, trabajo y sacrificio que de ninguna manera podemos eludir o sortear. No puedo negar que, en una parte importante del cuerpo de Cristo, el sentido del liderazgo se ha corrido de eje, y todos nosotros corremos el riesgo de ser afectados por errores conceptuales que, en vez de ver a los líderes como "remadores", los ven como jerarcas de un sistema deshumanizado de poder.

Gracias al trabajo correctivo en lo literario y editorial del profesor Javier Martínez, este aporte sale a la luz como el resultado experiencial de más de cuarenta años de "remar" en el ministerio cristiano por parte del autor. Es mi deseo que la presente herramienta sea de inspiración para los viejos y nuevos "remadores".

Néstor Golluscio.—

PARTE 1
LOS SEIS PILARES

¿Alguna vez has sentido que el peso sobre tus hombros es mayor de lo que puedes soportar? Ser líder cristiano no es solo cumplir con un deber; es un desafío constante, un llamado a impactar vidas y a luchar entre lo que somos capaces de hacer y lo que Dios nos impulsa a ser. Pero, ¿y si hubiera seis pilares que no solo te sostienen en este camino, sino que transforman cada aspecto de tu liderazgo y te llevan más allá de tus propias limitaciones?

En lo profundo de todo líder yace una verdad que muchas veces ignoramos: *somos humanos*. No somos infalibles ni invulnerables, pero en nuestra humanidad se oculta un poder oculto en nuestra fragilidad que al aceptarla nos brinda fortaleza divina. En un mundo que demanda perfección, pocos se atreven a mostrar su debilidad. Sin embargo, ahí es donde todo comienza. ¿Y si, en lugar de mantener una fachada de control, aprendieras a liderar aceptando tu humanidad, permitiendo que Dios se muestre fuerte a través de ti? No es solo una idea: es la entrada a una nueva forma de liderazgo, una que te libera y te da un propósito más allá de tus propias capacidades.

Después está la *familia*, el núcleo que nos sostiene o puede desmoronarnos. No se trata solo de cumplir responsabilidades o llevar un hogar. La familia es el reflejo de nuestra fe, donde se forjan las relaciones que nos preparan para liderar. Pero, ¿cómo mantenerla firme en medio de las tormentas? Hay un secreto en cómo valoramos y honramos a los nuestros. Este enfoque puede transformar no solo nuestras casas, sino también todo lo que hacemos fuera de ellas.

También, *el aprendizaje* es un proceso continuo. Ser un aprendiz no se trata solo de adquirir conocimientos, sino de estar dispuesto a ser moldeado por Dios. Aquí es donde se encuentra el verdadero crecimiento. A menudo, el mayor desafío para un líder es seguir siendo un aprendiz, sabiendo que el verdadero éxito radica en mantenerse abierto a la transformación que Dios está obrando en nosotros, incluso cuando no podemos verlo claramente.

Luego está *la pasión*, ese fuego interior que te impulsa a seguir adelante, incluso cuando todo a tu alrededor parece desmoronarse. Pero, ¿cómo mantener viva esa llama cuando los vientos de la duda y el cansancio soplan fuerte? Descubrir la verdadera fuerza de tu pasión no solo puede transformar tu liderazgo, sino también la forma en que vives cada día de tu vida.

Pero no se trata solo de crecer uno mismo. Hay un principio mayor en juego: *la multiplicación*. No es suficiente con lograr metas individuales, sino con inspirar y formar a otros para que también se levanten. ¿Puedes imaginar el impacto si no solo lideras, sino que multiplicas ese liderazgo, expandiendo el Reino de Dios más allá de lo que nunca creíste posible? Este llamado es más grande de lo que puedes ver a simple vista.

Finalmente, están *los hacedores de puentes*. Ser líder no es una tarea solitaria. Se trata de tender la mano, sanar relaciones, ser el que une donde otros han dividido. ¿Cómo puedes ser un constructor de paz en un mundo quebrantado? Este es el desafío final: ser una señal que apunta a Dios y un puente que une corazones heridos.

Estos seis pilares —humanidad, familia, aprendiz, pasión, multiplicación y hacedores de puentes— no son simples conceptos abstractos. Son llaves que abren puertas hacia un liderazgo más profundo y hacia una vida de impacto que transformará no solo tu destino, sino también el de todos aquellos que toques. ¿Te atreves a recorrer este camino? La decisión es tuya.

PILAR 1
HUMANIDAD

La humanidad del líder cristiano es una paradoja constante, una mezcla de fragilidad y poder divino que coexisten en la misma persona. Como líderes, a menudo nos encontramos luchando entre la expectativa de ser fuertes y la realidad de nuestras limitaciones. Pero, ¿y si esas limitaciones no fueran el obstáculo que creemos que son? Y si, ¿en lugar de esconder nuestras debilidades, las abrazáramos como un punto de partida para que el poder de Dios se manifieste de una manera más completa? El apóstol Pablo nos dejó una verdad esencial para el liderazgo cristiano: "cuando soy débil, entonces soy fuerte" (2 Corintios 12:10). Esta declaración va en contra de toda lógica humana, pero es un principio central en el Reino de Dios. Reconocer nuestra humanidad no es una señal de fracaso; es un acto de profunda humildad y fe. Admitir nuestras debilidades, nuestras inseguridades y nuestras luchas nos abre a la gracia transformadora de Dios, que opera más poderosamente cuando no estamos tratando de hacerlo todo por nuestra cuenta.

El liderazgo cristiano a menudo conlleva una carga que puede sentirse abrumadora. Enfrentamos expectativas externas e internas, y es en esos momentos cuando las dudas se filtran y la sensación de insuficiencia comienza a ganar terreno. ¿Cuántas veces te has sentido inadecuado para el llamado que Dios te ha dado? Es aquí donde la verdad bíblica de la dependencia en Dios cobra sentido. No estamos llamados a ser autosuficientes; estamos llamados a ser recipientes del poder de Dios. Cuando reconocemos nuestra incapacidad, le damos espacio a Dios para que se muestre fuerte a través de nosotros.

El esfuerzo es otra parte integral de la humanidad en el liderazgo. Ser líder cristiano no es un trabajo pasivo; demanda dedicación y un compromiso constante con el crecimiento personal y espiritual. El esfuerzo no se refiere solo a las tareas visibles que realizamos en el ministerio, sino también a la disciplina interna que cultivamos en nuestra vida espiritual. ¿Te has preguntado alguna vez si estás dando lo mejor de ti en tu llamado? No es solo una cuestión de hacer más, sino de hacerlo con excelencia y con una dependencia constante de la fuerza que Dios proporciona.

Además, un aspecto que a menudo se pasa por alto es la necesidad de amistades genuinas. El liderazgo puede ser un lugar solitario si no nos rodeamos de personas que nos valoren no por nuestra posición, sino por quienes somos. Las amistades auténticas proporcionan un espacio donde podemos ser vulnerables sin temor a perder nuestro estatus o credibilidad. Estas relaciones son vitales para nuestro bienestar emocional y espiritual. Un líder que no cultiva amistades verdaderas corre el riesgo de agotarse y de perder la perspectiva. ¿Quiénes son las personas en tu vida que te apoyan, te desafían y te ayudan a mantener los pies en la tierra?

La confesión también juega un papel crucial en el liderazgo cristiano. En un mundo que valora la perfección, admitir nuestros errores y pecados puede parecer una debilidad, pero en realidad, es un signo de madurez y sabiduría espiritual. La confesión no solo restaura nuestra relación con Dios, sino que también fortalece nuestra conexión con los demás, permitiendo que la transparencia y la autenticidad sean parte integral de nuestro liderazgo. ¿Te has preguntado cuánto más ligero se sentiría el camino si practicaras la confesión con regularidad? Al liberar el peso del pecado oculto o los errores no confesados, damos lugar a una vida y un ministerio más plenos, guiados por la verdad y la gracia.

En este camino, reconocer y abrazar nuestra humanidad no es una debilidad, sino una oportunidad para que el poder de Dios se haga evidente. A medida que avanzamos en nuestra fe y liderazgo, somos desafiados a ver nuestras luchas, nuestros esfuerzos, nuestras amistades y nuestras confesiones como aspectos intrínsecos de cómo Dios nos moldea y utiliza. Es a través de nuestra humanidad que Dios elige manifestar su gracia, y es precisamente en esos momentos de vulnerabilidad cuando Su poder se muestra con mayor claridad. Este llamado a vivir y liderar desde la conciencia de nuestra humanidad es una invitación a profundizar en la dependencia de Dios, a esforzarnos por la excelencia, a construir relaciones auténticas y a caminar en humildad y confesión. Si aceptas este desafío, descubrirás que tu liderazgo no solo será más efectivo, sino que también estará lleno de propósito y de la gracia transformadora de Dios, capaz de impactar no solo tu vida, sino la vida de todos aquellos que te rodean.

CAPÍTULO 1
EL LLAMAMIENTO DIVINO

El llamamiento es un tema central en el liderazgo cristiano, pero también uno de los conceptos más malinterpretados. A menudo, cuando se menciona el llamamiento, muchos imaginan experiencias extraordinarias, momentos místicos en los que la dirección de Dios se hace evidente a través de señales sobrenaturales. Para algunos, esto puede significar esperar escuchar una voz audible del cielo o ver una intervención divina clara. Sin embargo, la realidad del llamamiento suele ser mucho más sutil, pero no por eso menos significativa. Es una carga profunda que Dios coloca en el corazón del líder, una convicción que se forma en lo más íntimo, dirigiendo y guiando, incluso cuando las circunstancias no son dramáticas ni evidentes. Este llamamiento tiene un origen divino, pero su manifestación se entrelaza con nuestra humanidad. Dios escoge, en su soberanía, a personas que no son perfectas, pero que están dispuestas a obedecerle. A lo largo de las Escrituras, observamos cómo Dios llama a aquellos que, desde una perspectiva humana, no parecían calificados. Moisés, por ejemplo, se resistió al llamado de liderar al pueblo de Israel, presentando excusas sobre su falta de elocuencia. Jeremías, por su parte, también se resistió, alegando su juventud y falta de experiencia. En ambos casos, podemos ver un patrón de resistencia que refleja nuestra naturaleza humana cuando nos enfrentamos a la magnitud del llamamiento de Dios. Es natural que surjan dudas y temores, pero lo que marca la diferencia es cómo Dios interviene en medio de esas dudas, transformando lo que parece debilidad en una oportunidad para manifestar su poder.

La gracia de Dios en nuestra fragilidad. Considero que el llamamiento no depende de nuestra perfección, ni de nuestras habilidades. Más bien, es un acto de gracia por parte de Dios, quien escoge a vasos frágiles para llevar a cabo Su obra. Pablo lo expresó de manera magistral cuando dijo: "Tenemos este tesoro en vasos de barro" (2 Corintios 4:7). Esta metáfora es poderosa porque subraya la fragilidad humana, y al mismo tiempo, la grandeza del tesoro que llevamos dentro: el poder y el mensaje de Dios. Somos imperfectos, vulnerables, y a menudo inseguros, pero Dios ha decidido depositar en nosotros Su llamado para que Su gloria se vea a través de nuestras limitaciones. Este contraste entre lo divino y lo humano es central en el liderazgo cristiano. A medida que avanzamos en el ministerio, experimentamos momentos en los que nuestras debilidades parecen impedirnos avanzar. Sin embargo, es en esos momentos cuando más claramente podemos ver la obra de Dios en acción. Liderar no es fácil; requiere sacrificio, fortaleza, y una entrega continua. Las crisis son inevitables, y muchas veces, el cansancio y la frustración parecen dominar. Pero, como líderes cristianos, debemos recordar que nuestra fuente de fortaleza no está en nosotros mismos, sino en el Dios que llama.

Perseverar en medio del peso del ministerio. Personalmente, he pasado por momentos en los que sentí que el peso del ministerio era demasiado grande. Hubo temporadas en las que pensé en renunciar, en dejar de lado la tarea porque me sentía incapaz de llevarla a cabo. Sin embargo, en esos momentos, fue el recordatorio del llamamiento de Dios lo que me sostuvo. Saber que había sido llamado, no por mis méritos, sino por su gracia, me dio la fuerza para seguir adelante. Esta certeza no eliminó los desafíos, pero me proporcionó una base firme sobre la cual apoyarme. El llamamiento de Dios brinda propósito y dirección al liderazgo, y es lo que nos permite perseverar, incluso cuando las circunstancias parecen adversas. También nos recuerda que no estamos solos en esta tarea. Es fácil para un líder cristiano sentirse aislado, cargando con la responsabilidad de guiar a otros y enfrentar las dificultades del ministerio. Sin embargo, el llamamiento de Dios siempre viene acompañado de su presencia. Al igual que Moisés, a quien Dios prometió estar a su lado, nosotros también podemos estar seguros de que Dios está con nosotros en cada paso del camino. Esto nos ofrece un consuelo inmenso, especialmente en los momentos de mayor desafío. Saber que Dios no solo nos ha llamado, sino que también camina con nosotros, nos da la confianza para seguir adelante.

El liderazgo cristiano, por tanto, no es simplemente una tarea administrativa o un rol que desempeñamos. Es una vocación sagrada, un "llamado" que Dios ha puesto en nuestras vidas para que, a través de nosotros, Su obra se manifieste en el mundo. Y aunque este trabajo se canaliza a través de nuestra acción humana, nunca debemos perder de vista el componente sobrenatural que lo sostiene. Cada acción, cada palabra, cada decisión que tomamos como líderes debe estar impulsada por el entendimiento de que no estamos solos, sino que Dios está obrando en y a través de nosotros. Esta realidad le otorga al liderazgo cristiano una profundidad que trasciende lo terrenal y lo convierte en una misión eterna.

Quiero dirigirme especialmente a ti, que estás en una posición de liderazgo, o que tal vez estés considerando responder al llamado de Dios en tu vida. Quiero que sepas que este llamamiento es real. No es necesario que sea algo dramático o espectacular para ser auténtico. Si Dios te ha llamado, Su mano está sobre ti, incluso en los momentos en los que te sientes inadecuado. Al igual que Moisés o Jeremías, puede que sientas miedo o que pienses que no estás a la altura de la tarea, pero recuerda que no es tu habilidad lo que garantizará el éxito, sino la capacidad de Dios para obrar a través de ti. Es fácil centrarse en las dificultades del liderazgo, en las crisis y los momentos de agotamiento. Sin embargo, te animo a que también te enfoques en el privilegio inmenso que es ser llamado por Dios. Ser parte de su obra en el mundo es un honor que no debemos tomar a la ligera. Sí, habrá momentos difíciles, pero esos momentos también son oportunidades para que el poder de Dios se manifieste de manera clara. A través de tus debilidades, tus dudas y tus miedos, Dios está obrando algo mucho mayor de lo que puedes imaginar.

Por tanto, mi invitación es a confiar plenamente en que Dios completará la obra que ha comenzado en ti. Su llamamiento no es temporal ni para una sola temporada; es parte de Su plan eterno para tu vida y para el mundo. No temas al proceso, ni a las dificultades que puedan surgir. El Dios que te ha llamado es fiel, y Él te dará todo lo que necesitas para cumplir con el propósito que te ha dado. Así que sigue adelante con valentía y confianza, sabiendo que, como lo he experimentado, el llamamiento de Dios es más que suficiente para sostenerte, guiarte y fortalecerte en cada paso del camino.

CAPÍTULO 2
LA DEBILIDAD

El liderazgo cristiano no es un espacio donde la autosuficiencia o el poder personal deban ocupar el primer lugar. El llamado al pastorado y a cualquier forma de liderazgo dentro del cuerpo de Cristo debe ser entendido, antes que nada, desde nuestra vulnerabilidad y dependencia total de Dios. El mundo, y por ende las estructuras que nos rodean, nos enseñan a esconder nuestras debilidades y a no mostrar nuestros puntos frágiles. Sin embargo, en el Reino de Dios, es justamente nuestra debilidad lo que permite que Su gracia se manifieste de manera poderosa y transformadora. Aceptar nuestra humanidad como líderes cristianos es una tarea fundamental y profundamente liberadora. Cuando reconocemos nuestra debilidad, no solo estamos confesando una verdad sobre nuestra condición, sino que también estamos haciendo espacio para que el poder y la fortaleza de Dios se hagan evidentes en nosotros y a través de nosotros. Es fácil caer en la trampa de la autosuficiencia, especialmente en el contexto del ministerio, donde se espera que los pastores y líderes sean modelos a seguir, capaces de manejar cualquier situación y ser guías de fortaleza espiritual y emocional. Sin embargo, intentar mantener esa fachada de invulnerabilidad puede ser devastador tanto para el líder como para aquellos que lo siguen.

La paradoja del liderazgo. El apóstol Pablo, sin lugar a dudas, es uno de los más grandes ejemplos de liderazgo cristiano, y en su vida y ministerio vemos una y otra vez cómo abrazó su debilidad para que el poder de Dios pudiera manifestarse en él. En su carta a los corintios, Pablo hace una afirmación que desafía por completo el pensamiento del mundo: "Cuando soy débil, entonces soy fuerte" (2 Corintios 12:10). Esta paradoja encierra una verdad profunda: la fortaleza no viene de nuestra capacidad de resistir o superar, sino de nuestra disposición a ser completamente dependientes de Dios. En el Reino de Dios, la debilidad humana no es un defecto que deba ser ocultado, sino una oportunidad para que el poder de Dios se perfeccione y se haga visible. El reconocimiento de nuestra debilidad como líderes no solo nos conecta con la gracia de Dios, sino que también "desbloquea" nuestra autenticidad. Uno de los mayores desafíos en el ministerio pastoral es la presión por proyectar una imagen de perfección. Se espera que los líderes tengan todas las respuestas, que nunca duden, y que siempre tengan la capacidad de manejar cualquier desafío que surja. Sin embargo, esta expectativa es insostenible y, lo que es peor, es una distorsión de lo que significa ser un verdadero líder en el cuerpo de Cristo. Si pretendemos ser autosuficientes, corremos el riesgo de desconectarnos tanto de Dios como de aquellos a quienes lideramos.

Liderar desde la dependencia de Dios. Es en medio de nuestra debilidad que Dios encuentra el terreno adecuado para mostrar su gloria. Pablo también dijo: "Bástate mi gracia, porque mi poder se perfecciona en la debilidad" (2 Corintios 12:9). Estas palabras del Señor no solo nos consuelan, sino que nos revelan una realidad profunda sobre cómo Dios trabaja en nuestras vidas. Cuando nos despojamos de la necesidad de tenerlo todo bajo control, abrimos la puerta para que Dios haga lo que nosotros no podemos. La gracia de Dios no opera en un espacio donde creemos que no la necesitamos; es precisamente cuando reconocemos nuestra fragilidad que la gracia se despliega con toda su fuerza. En mi experiencia personal como líder, he aprendido que los momentos de mayor debilidad han sido los momentos en los que la obra de Dios ha sido más clara en mi vida y ministerio. Ha habido tiempos en los que sentí que las demandas del ministerio eran demasiado grandes, que las expectativas de los demás eran insostenibles, y que yo no tenía la capacidad de cumplir con lo que se me pedía. Sin embargo, en esos momentos de agotamiento, descubrí algo que cambió mi enfoque: no se trataba de mi habilidad para superar los desafíos, sino de mi capacidad para depender totalmente de Dios. Al soltar el control, pude ver cómo Su gracia intervenía de maneras que jamás hubiera podido anticipar. La fuerza verdadera no se encuentra en nuestra capacidad de resistir, sino en nuestra capacidad de rendirnos a la obra de Dios en nosotros. Al liberar la necesidad de proyectar una imagen de fortaleza, no solo experimentamos la libertad personal, sino que también liberamos a aquellos que nos rodean. A menudo, los líderes cristianos caen en la tentación de mantener una fachada de perfección porque creen que eso es lo que sus congregaciones o seguidores necesitan. Sin embargo, la autenticidad y la transparencia son mucho más poderosas que cualquier apariencia de perfección. Cuando los líderes son capaces de ser honestos acerca de sus luchas y debilidades, proporcionan un modelo genuino para que los demás comprendan que también ellos pueden depender de la gracia de Dios en sus propios desafíos. Esto no solo cambia la dinámica dentro de la congregación, sino que también crea una cultura de humildad y dependencia en Dios, en lugar de una cultura de autosuficiencia y orgullo.

La fuerza de la dependencia y la gracia. El ministerio pastoral no es un llamado a ser héroes; es un llamado a ser siervos dependientes. Y la dependencia de Dios es el corazón del liderazgo cristiano. Dios no espera que tengamos todas las respuestas, que seamos infalibles o que nunca cometamos errores. Lo que Él espera es que confiemos en Su gracia y permitamos que Su poder se perfeccione en nuestras áreas de mayor necesidad. En este sentido, el liderazgo cristiano es una invitación constante a reconocer nuestra humanidad, a soltar el control y a permitir que Dios haga su obra en nosotros. A lo largo de las Escrituras, encontramos innumerables ejemplos de personas que, en su debilidad, fueron usadas poderosamente por Dios. Moisés, que se consideraba torpe de habla y no estaba seguro de poder cumplir con su llamado, fue elegido para liderar al pueblo de Israel fuera de la esclavitud. David, a pesar de sus fallas y pecados, fue considerado un hombre conforme al corazón de Dios y se convirtió en uno de los más grandes reyes de Israel. —Y la lista continúa—. Estos ejemplos nos recuerdan que Dios no está buscando a los más fuertes o a los más capaces, sino a aquellos que están dispuestos a reconocer su necesidad de Él y a permitir que Su poder opere a través de sus debilidades.

Reconocer nuestra debilidad no es un signo de derrota; es un signo de sabiduría espiritual y madurez. Al hacerlo, no solo nos liberamos de la presión de ser autosuficientes, sino que también permitimos que Dios obre de maneras que superan nuestras expectativas y capacidades. Cuando dejamos de intentar ser los héroes de nuestra historia, le damos a Dios el espacio para que Él sea el verdadero protagonista. Y es en ese proceso donde descubrimos la verdadera fortaleza: no en nosotros mismos, sino en el Dios que nos ha llamado y que está obrando a través de nosotros. Por lo tanto, te invito a que hoy abraces tu debilidad. No como una excusa para la inacción, sino como un reconocimiento de la necesidad de la gracia de Dios en cada área de tu vida y ministerio. Al hacerlo, verás cómo su fortaleza se manifiesta en tus momentos más difíciles, cómo su poder se despliega de maneras que nunca imaginaste, y cómo su gracia es suficiente para ti en cada paso del camino. Como líderes, debemos recordar que nuestra capacidad para tener éxito en el ministerio no está determinada por nuestra fuerza, sino por nuestra disposición a depender completamente de Dios. Es en esa dependencia que encontramos la verdadera fortaleza y el poder para cumplir con los propósitos divinos que Él ha puesto delante de nosotros.

CAPÍTULO 3
EL ESFUERZO

Entender la temática del esfuerzo, su necesidad y sus límites, es una de las dinámicas más fundamentales en la vida cristiana, —y su relevancia se amplifica aún más dentro del contexto del liderazgo—. En nuestra humanidad, enfrentamos limitaciones que nos llevan a desarrollar el esfuerzo como una respuesta natural ante los desafíos que encontramos. Estas limitaciones pueden ser físicas, emocionales o espirituales, en cierto sentido el esfuerzo se convierte en el puente entre lo que somos capaces de hacer y lo que Dios nos llama a hacer. Sin embargo, dentro del liderazgo cristiano, el esfuerzo tiene una connotación mucho más profunda: no es simplemente un mecanismo humano para alcanzar metas, sino una cooperación activa con la gracia divina.

Caminando en las promesas de Dios. Desde pequeños, se nos enseña a valorar el esfuerzo como clave para el éxito. Recuerdo las palabras de mis padres y maestros, quienes me repetían: "Esfuérzate más" cuando las cosas no salían como yo esperaba. Era una lección clara: nada se consigue sin esfuerzo. Pero cuando comencé a entender la vida cristiana y el llamado al liderazgo en el Reino de Dios, me di cuenta de que el esfuerzo, en este contexto, no es simplemente una cuestión de fuerza de voluntad o determinación humana. Es, ante todo, una respuesta a la gracia de Dios. Nos esforzamos no solo para superar obstáculos, sino para trabajar en la obra que Dios está realizando en y a través de nuestras vidas.

Un ejemplo bíblico que refleja esta realidad es la historia de Josué. Cuando Dios le entregó el liderazgo de Israel tras la muerte de Moisés, le dijo: "Esfuérzate y sé valiente" (Josué 1:9). Aunque Dios ya había prometido la tierra a Su pueblo, Josué tenía que esforzarse para guiar a Israel en la conquista y toma de posesión de esa tierra. La promesa divina no eliminaba la necesidad de la acción humana. Aquí podemos ver un equilibrio crucial en el liderazgo cristiano: Dios da las promesas, pero nosotros debemos esforzarnos para caminar en ellas. El esfuerzo de Josué era más que una muestra de fuerza humana; era una expresión de su fe y confianza en que Dios cumpliría su palabra. Josué no actuaba en sus propias fuerzas, sino que su esfuerzo estaba respaldado por la seguridad de que Dios estaba con él. En este sentido, el esfuerzo cristiano va más allá de simplemente trabajar más duro o de imponer metas más altas. Se trata de superar los límites que nuestra humanidad nos impone. Todos enfrentamos barreras, tanto internas como externas. El miedo, la duda, la inseguridad o la falta de confianza en nuestras capacidades son algunas de las barreras internas que nos paralizan. Las limitaciones físicas, la escasez de recursos o las circunstancias difíciles representan barreras externas que a menudo parecen imposibles de superar. Pero el esfuerzo en el Reino de Dios no es solo un acto de voluntad, sino una dependencia continua en la gracia de Dios que nos capacita para avanzar más allá de lo que podríamos lograr por nosotros mismos.

Liderar con excelencia y propósito. El apóstol Pablo, en su consejo a Timoteo, presenta una perspectiva única sobre el esfuerzo en la vida cristiana. Le dice: "Hijo mío, esfuérzate en la gracia que es en Cristo Jesús" (2 Timoteo 2:1). Esta declaración es profundamente reveladora. Pablo no le está pidiendo a Timoteo que se esfuerce en sus propias fuerzas, sino en la gracia que Cristo ya le ha otorgado. El esfuerzo en el liderazgo cristiano no es lo opuesto a la gracia. De hecho, el esfuerzo correcto es una respuesta activa a la gracia que hemos recibido. La gracia de Dios nos capacita para hacer cosas que, de otra manera, no podríamos hacer —pero requiere nuestra disposición a actuar, a esforzarnos, a caminar en esa gracia—. Nos esforzamos no para ganar el favor de Dios, sino porque ya hemos sido bendecidos con Su favor y queremos vivir de acuerdo con esa bendición. Uno de los mayores enemigos del liderazgo cristiano es el conformismo. A veces, los líderes caen en la trampa de pensar que, una vez alcanzado cierto nivel de éxito o estabilidad, ya no es necesario seguir esforzándose. Este tipo de mentalidad puede conducir a la mediocridad. Es fácil quedarse estancado en una zona de confort, donde ya no se buscan nuevas formas de crecimiento, ya no se persigue la excelencia, ni se capacita para mejorar. Sin embargo, como líderes cristianos, estamos llamados a ir más allá de la mediocridad. La excelencia en el ministerio no es una opción, es una obligación. No porque queramos impresionar a los demás o ganar méritos delante de Dios, sino porque la obra de Dios merece lo mejor de nosotros. Nuestro esfuerzo debe reflejar nuestro deseo de honrar a Dios con todo lo que hacemos, de ser buenos administradores de los dones y responsabilidades que Él nos ha dado.

Rompiendo barreras. Otro aspecto importante del esfuerzo es nuestra lucha interna contra los límites que nosotros mismos nos imponemos. Muchas veces, nuestras mentes crean barreras que nos hacen creer que no somos capaces de alcanzar ciertos objetivos, que no tenemos los recursos o talentos necesarios para cumplir con las expectativas que se nos imponen. Estas barreras mentales, estos "techos" que nosotros mismos creamos, nos impiden avanzar y limitan nuestro potencial en Cristo. Pero el esfuerzo en el Reino de Dios significa romper esos techos. Significa ir más allá de lo que creemos posible, no en nuestras propias fuerzas, sino confiando en que la gracia de Dios nos capacitará para hacer lo que parece imposible. Al esforzarnos, permitimos que Dios nos lleve a nuevos niveles de efectividad y propósito, y descubrimos que nuestras limitaciones son oportunidades para que su poder se manifieste en nuestra vida y ministerio.

El impacto del esfuerzo no se limita a nuestras vidas personales. Como líderes, nuestro esfuerzo tiene un efecto profundo en aquellos a quienes lideramos. Cuando mostramos un compromiso genuino con el esfuerzo, enviamos un mensaje claro a nuestro equipo y congregación: el liderazgo en el Reino de Dios requiere sacrificio, dedicación y perseverancia. Nuestro ejemplo de esfuerzo inspira a otros a esforzarse también. El esfuerzo, en este sentido, no es solo un acto individualista, sino un acto de servicio. Nos esforzamos no solo por nosotros mismos, sino por el bien de los demás, por el crecimiento de aquellos que están bajo nuestro liderazgo y por la expansión del Reino de Dios.

Un ejemplo secular, muy conocido, que ilustra el valor del esfuerzo es la historia de Thomas Edison y su invención de la lámpara incandescente. Edison falló cientos de veces antes de lograr su invención, pero nunca se rindió. Este tipo de perseverancia es esencial en el liderazgo cristiano. El ministerio está lleno de desafíos y momentos de incertidumbre, y a menudo experimentaremos fracasos. Pero nuestro éxito no está determinado por la ausencia de fracasos, sino por nuestra disposición a seguir esforzándonos a pesar de ellos. Como líderes cristianos, debemos adoptar una actitud de esfuerzo perseverante, confiando en que Dios está obrando a través de nuestras acciones, incluso cuando no vemos los resultados inmediatos.

El esfuerzo en el Reino de Dios tiene un propósito eterno. No es simplemente un medio para alcanzar nuestras metas personales o ministeriales; es una forma de colaborar activamente con la obra de Dios en el mundo. Cada acto de esfuerzo, por pequeño que sea, tiene implicaciones eternas. Cuando nos esforzamos por ser mejores líderes, cuando buscamos aprender más, cuando servimos con excelencia, estamos participando en la edificación del cuerpo de Cristo y en la expansión del Reino de Dios. Nuestro esfuerzo es una forma de ser fieles con los dones y responsabilidades que Dios nos ha confiado.

El esfuerzo es un componente esencial del liderazgo cristiano. No es una autosuficiencia arrogante, sino una colaboración humilde con la gracia de Dios. Nos esforzamos porque entendemos que Dios nos ha llamado a cumplir con sus propósitos, y queremos hacerlo con excelencia y dedicación. El esfuerzo es una respuesta activa a la gracia de Dios, y cuando lo integramos en nuestra vida y ministerio, experimentamos cómo la fortaleza divina nos capacita para superar nuestros límites y cumplir con el llamado que hemos recibido. Como líderes cristianos, estamos llamados a esforzarnos no solo por nuestro propio crecimiento, sino también por el bienestar de aquellos que nos rodean y por la gloria de Dios en todo lo que hacemos.

CAPÍTULO 4
LOS AMIGOS

Las relaciones personales en el liderazgo cristiano son esenciales para el bienestar integral de cualquier líder, especialmente en lo que respecta a las amistades dentro del ministerio. Si bien muchos enfoques sobre el liderazgo cristiano tienden a centrarse en la espiritualidad, la visión o las habilidades de gestión, es importante recordar que el líder sigue siendo un ser humano con una necesidad natural de conexiones afectivas. Estas relaciones no solo son un apoyo emocional, sino que también pueden ser una fuente de equilibrio y perspectiva. Sin embargo, para que estas amistades sean saludables, es crucial que no estén basadas en el poder, el estatus o la influencia del líder, sino en el valor intrínseco de la persona. El desafío radica en cultivar amistades auténticas que no se vean afectadas por el rol ministerial que desempeña el líder. En la cultura moderna, la superficialidad en las relaciones es un problema común. Además, muchas personas buscan amistades no por un interés genuino en la otra persona, sino por lo que esa relación puede proporcionarles en términos de estatus, influencia o poder. En el ámbito cristiano, esta dinámica puede ser especialmente peligrosa, ya que los líderes a menudo son figuras de autoridad y visibilidad, lo que puede atraer relaciones basadas en la conveniencia y no en el afecto sincero. Este tipo de relaciones, aunque puedan parecer inofensivas, son peligrosas, ya que ponen en riesgo la integridad emocional del líder y pueden generar una desconexión entre la persona y su rol. Los líderes, como cualquier ser humano, necesitan rodearse de personas que los valoren por lo que son, no por el título que ostentan.

Cultivando amistades en el ministerio. El modelo de Jesús es un ejemplo fundamental para entender la importancia de las amistades auténticas en el ministerio. Jesús, aunque era Dios encarnado, cultivó amistades profundas y significativas. Aunque estaba rodeado de multitudes y tenía un círculo cercano de doce discípulos, estableció una relación más íntima y cercana con tres de ellos: Pedro, Jacobo y Juan. Estos tres apóstoles estuvieron presentes en momentos clave del ministerio de Jesús, como en la transfiguración, la resurrección de la hija de Jairo y en el huerto de Getsemaní, donde Jesús enfrentó Su mayor angustia antes de la crucifixión. Este vínculo más cercano no disminuyó la importancia de los otros discípulos, pero mostró que incluso Jesús, en Su humanidad, necesitaba amigos cercanos en quienes confiar. Este ejemplo de Jesús nos enseña algo crucial: incluso los líderes más espiritualmente maduros y capacitados necesitan amistades genuinas que vayan más allá del ámbito ministerial. El ministerio, por su naturaleza, puede ser una experiencia profundamente solitaria. Los líderes suelen encontrarse en situaciones donde son responsables de cuidar y guiar a los demás, pero a menudo no tienen a nadie que los cuide o guíe a ellos. Este aislamiento es peligroso, ya que puede llevar a un agotamiento emocional y espiritual. Los líderes necesitan espacios donde puedan ser vulnerables, expresar sus emociones y luchas sin temor a ser juzgados o malinterpretados. Las amistades auténticas proporcionan un refugio donde el líder puede ser simplemente una persona, sin las expectativas del rol ministerial.

Amistad verdadera, un pilar fundamental. En el liderazgo cristiano contemporáneo, la necesidad de amistades genuinas es más relevante que nunca. La presión sobre los líderes es significativa, ya que no solo llevan las cargas de su propia vida, sino también las de aquellos a quienes lideran. La responsabilidad de guiar espiritualmente a otros puede ser una carga emocionalmente agotadora, y sin un sistema de apoyo sólido, el líder puede encontrarse luchando solo. Es común que los líderes caigan en la trampa de creer que deben ser siempre fuertes e inquebrantables, pero esta expectativa es irreal y, en última instancia, dañina. Ningún líder, por más capacitado o ungido que esté, fue diseñado para llevar el peso del ministerio solo. Como mencioné, el liderazgo cristiano tiende a poner a los pastores y líderes en una posición de visibilidad y autoridad, lo que puede atraer relaciones basadas en la conveniencia. Aunque es natural que los líderes inspiren respeto y admiración, las amistades verdaderas no deben basarse en la jerarquía o el estatus. Un verdadero amigo no ve al líder solo como una figura de autoridad, sino como una persona completa, con emociones, inseguridades y desafíos. Cuando una amistad se basa únicamente en el rol ministerial, se corre el riesgo de caer en el amiguismo, lo que distorsiona la verdadera naturaleza de la relación. El amiguismo, o el favoritismo basado en relaciones personales en lugar de mérito, es una de las trampas más dañinas en el liderazgo cristiano. Si un líder favorece a ciertas personas dentro de la iglesia o el ministerio simplemente porque son sus amigos, en lugar de basarse en los dones y talentos que Dios les ha dado, está comprometiendo la integridad de la obra de Dios. El nepotismo o el favoritismo no tienen lugar en la iglesia, donde la equidad y el servicio desinteresado deben ser los principios rectores. Además, el amiguismo puede generar desconfianza dentro de la congregación, afectando la unidad y el propósito del cuerpo de Cristo. Por otra parte, es importante que los líderes cristianos cultiven amistades donde la transparencia y la autenticidad sean el pilar central. Un verdadero amigo no tiene miedo de decir la verdad, incluso cuando es incómoda. En Proverbios 27:6 se nos dice: "Fieles son las heridas del que ama, pero importunos los besos del que aborrece". Un verdadero amigo no busca halagar o proteger el ego del líder, sino que está dispuesto a confrontar en amor, ofreciendo una perspectiva honesta y constructiva. Estas relaciones son esenciales para el crecimiento personal y espiritual del líder, ya que proporcionan un equilibrio entre el apoyo emocional y el desafío necesario para seguir creciendo.

La iglesia, como comunidad de fe, también tiene un papel crucial en la creación de un entorno donde las relaciones sean auténticas y basadas en el amor y el respeto mutuo. Cuando las relaciones dentro de la iglesia son genuinas, el líder puede encontrar un apoyo más amplio y saludable que lo ayude a sobrellevar los desafíos del ministerio. Las amistades dentro de la iglesia deben ser transparentes y desprovistas de favoritismos, permitiendo que tanto el líder como los miembros de la congregación crezcan juntos en un ambiente de respeto y amor cristiano. La soledad puede llevar al agotamiento, la frustración y, en algunos casos, incluso al abandono del ministerio. Dios no diseñó a los líderes para caminar solos. Desde el principio, Dios declaró que "no es bueno que el hombre esté solo" (Génesis 2:18), y esta verdad sigue siendo aplicable hoy, tanto en el liderazgo como en la vida cotidiana. Por eso, los aspectos emocionales del liderazgo cristiano no deben ser ignorados, y la amistad genuina es uno de los pilares más importantes para la salud emocional y espiritual del líder. En última instancia, el ministerio es un llamado a la comunidad, y los líderes necesitan amigos genuinos que caminen junto a ellos, apoyándolos en los momentos difíciles y celebrando con ellos en los tiempos de gozo. A través de las amistades auténticas que Dios provee un refugio emocional y espiritual que es vital para su bienestar y éxito en el ministerio.

CAPÍTULO 5
LA CONFESIÓN

Pastores y líderes no son superhéroes espirituales, ni seres elevados por encima de sus congregaciones; son seres humanos, sujetos a las mismas luchas, caídas y momentos de debilidad que cualquier otra persona. Esta humanidad, lejos de ser una limitación, nos recuerda que nuestra fuerza no reside en nuestras propias capacidades, sino en nuestra dependencia constante de la gracia y el poder de Dios. Reconocer nuestra fragilidad no es un signo de fracaso, sino una señal de madurez espiritual, que nos permite entender con mayor claridad el propósito para el cual hemos sido llamados a guiar al pueblo de Dios. En esta realidad humana del liderazgo cristiano, un elemento vital que a menudo no se practica con la seriedad y regularidad necesarias es la confesión. La confesión no es solo un acto espiritual, sino una práctica liberadora y profundamente transformadora que permite a los líderes reconocer sus limitaciones, sus caídas y su dependencia de la gracia redentora de Dios. Cuando hablamos de confesión, a menudo surge una reacción de incomodidad o incluso de rechazo, tanto en los líderes como en los creyentes en general. Esto ocurre porque el concepto de confesión ha sido distorsionado en muchos contextos religiosos, reducido a un ritual formal, impersonal y a veces incluso obligatorio, donde la verdadera transformación interior queda relegada a un segundo plano. Sin embargo, la confesión que Jesús nos enseñó no es una simple rutina de palabras vacías; es un camino hacia la restauración, la liberación y el encuentro con la gracia de Dios.

Para entender la importancia de la confesión en el liderazgo cristiano, primero debemos recordar una verdad esencial: todos somos pecadores, incluidos los pastores y líderes. Esta afirmación, que puede parecer obvia, en realidad no siempre se asume plenamente en el día a día del ministerio. El peso de la expectativa de perfección que recae sobre los líderes muchas veces los lleva a sentirse aislados en sus luchas, como si admitir su humanidad y sus debilidades fuera un signo de fracaso. Sin embargo, como dijo el apóstol Juan: "Si decimos que no tenemos pecado, nos engañamos a nosotros mismos y la verdad no está en nosotros" (1 Juan 1:8). Nadie está exento de la lucha contra el pecado, ni siquiera aquellos que han sido llamados a pastorear o liderar a otros. La confesión, entonces, es un componente vital en el desarrollo del liderazgo.

Transparencia y sanidad en el liderazgo cristiano. La palabra "confesión" es una traducción del griego *homologeo*, un término que significa literalmente "decir lo mismo" o "estar de acuerdo". En el ámbito legal, se utilizaba para describir la homologación de contratos, lo que implicaba que ambas partes del acuerdo debían estar de acuerdo en los términos, sin contradicciones. En el contexto espiritual, *homologeo* nos invita a alinear nuestras palabras con la verdad de Dios, a reconocer nuestros pecados tal como Él los ve. No se trata de ocultar, justificar o minimizar nuestras faltas, sino de ser honestos y transparentes, reconociendo nuestra necesidad constante de su gracia y perdón. Para los líderes cristianos, la confesión no es solo un acto espiritual, sino una herramienta indispensable para mantener un ministerio sano y transparente. La confesión es una respuesta a la presión que sienten los líderes de proyectar una imagen de perfección, que a menudo es insostenible y contraproducente. Como mencioné, en la vida de un líder, existe una expectativa constante de ser un modelo de vida intachable, un ejemplo a seguir. Y aunque es cierto que los líderes deben ser ejemplos para sus congregaciones, también es necesario recordar que ellos, como cualquier otro ser humano, enfrentan sus propias luchas. La presión de mantener una imagen perfecta puede llevar a los líderes a ocultar sus errores, a negar sus debilidades y, en última instancia, a aislarse emocional y espiritualmente.

Este aislamiento es peligroso, ya que crea una desconexión entre la vida pública del líder y su vida privada, lo que puede llevar al agotamiento espiritual, a la hipocresía y, en los peores casos, a un colapso moral. Al confesar nuestros pecados, rompemos el poder que estos tienen sobre nuestras vidas, y permitimos que la gracia de Dios actúe en nosotros de una manera transformadora. La confesión nos libera del peso de la culpa, del miedo a ser descubiertos, y nos devuelve a un lugar de transparencia y autenticidad delante de Dios y de los demás. Además, la confesión es crucial para el desarrollo de un ministerio transparente y saludable. Cuando un ministerio no promueve la confesión, corre el riesgo de volverse un espacio de superficialidad espiritual, donde las apariencias se valoran más que la verdadera transformación interior. Los líderes que confiesan sus errores no solo encuentran restauración para sí mismos, sino que también modelan una cultura de humildad y sinceridad para aquellos a quienes guían. Esto fomenta una comunidad de fe donde las personas se sienten libres para scr honcstas sobrc sus propias luchas, sabiendo que no serán juzgadas, sino que serán acompañadas en su proceso de sanación y restauración.

El apóstol Juan nos recuerda la promesa que acompaña a la confesión: "Si confesamos nuestros pecados, Él es fiel y justo para perdonar nuestros pecados y limpiarnos de toda maldad" (1 Juan 1:9). La confesión abre la puerta al perdón de Dios y a la limpieza interior. Dios no solo nos perdona, sino que también nos purifica, nos restaura y nos da una nueva oportunidad para vivir en santidad. La confesión no es solo un reconocimiento de nuestras faltas, sino un acto de fe en la promesa de Dios de perdonarnos y limpiarnos de toda injusticia. Para los líderes cristianos, la confesión debe ser más que una práctica ocasional; debe convertirse en un estilo de vida. La confesión debe abarcar tanto nuestra relación con Dios como nuestras relaciones con los demás. Santiago 5:16 nos exhorta a "confesar nuestras ofensas unos a otros" y a orar unos por otros para ser sanados. La confesión mutua no solo restaura relaciones dañadas, sino que también crea un ambiente de responsabilidad, rendición de cuentas y apoyo dentro de la comunidad cristiana.

La lucha por confesar. Uno de los mayores obstáculos para la confesión es el orgullo. El orgullo nos lleva a esconder nuestras faltas, a temer la vulnerabilidad y a resistir la humildad que la confesión requiere. Sin embargo, el orgullo es una barrera que nos separa no solo de los demás, sino también de la gracia de Dios. La confesión, por otro lado, es un acto de humildad que nos coloca en una posición de dependencia total de Dios. Al confesar nuestros pecados, reconocemos que no podemos hacerlo solos, que necesitamos su perdón y su gracia para seguir adelante. Y es precisamente en esa humildad donde encontramos la libertad que tanto anhelamos.

Los pastores y líderes necesitan tener personas de confianza a quienes puedan acudir en momentos de debilidad. La confesión no debe verse como una señal de fracaso, sino como una demostración de madurez espiritual. Al confesar nuestros pecados a alguien de confianza, no solo encontramos consuelo y apoyo, sino que también nos fortalecemos para no caer nuevamente en las mismas faltas.

Como cité anteriormente, Pablo, en 2 Corintios 4:7, describe nuestra condición humana de manera muy gráfica: "Pero tenemos este tesoro en vasos de barro, para que la excelencia del poder sea de Dios, y no de nosotros". Los líderes son esos vasos de barro: frágiles y quebradizos, pero dentro de ellos llevan el tesoro del evangelio y el poder de Dios. La confesión es una manera de reconocer nuestra fragilidad y destacar el poder de Dios obrando a través de nuestra debilidad. Por lo tanto, te animo a que hagas de la confesión una práctica habitual en tu vida y ministerio. No la veas como una carga, sino como una oportunidad para ser renovado y restaurado por la gracia de Dios. Cuando confiesas tus pecados, experimentas la libertad que proviene de la verdad y del poder transformador de Dios. Al ser transparentes con Dios y con los demás, permitimos que Su luz brille a través de nosotros, haciendo de nuestro ministerio un testimonio vivo de su obra redentora.

Los pastores y líderes que abrazan la confesión como parte de su vida espiritual experimentarán un ministerio más auténtico, lleno de sanidad, efectividad y transformación. Por eso, que la confesión se convierta en una disciplina que nos guíe a vivir en la verdad, en la gracia y en la plenitud de vida que Dios ha prometido.

PILAR 2
FAMILIA

La familia es un pilar esencial en el ministerio pastoral y el liderazgo cristiano. En este ámbito, exploraremos principios que pueden convertir tu hogar en una fortaleza de amor y fe, un reflejo tangible del Reino de Dios. La Biblia nos ofrece una guía clara para construir relaciones familiares sólidas, que vivan en armonía y alineadas con la voluntad divina. Pero, ¿qué es lo que realmente mantiene unida a una familia en tiempos difíciles? No se trata solo del amor, el respeto o el tiempo compartido, aunque son esenciales. Hay algo más profundo: la honra. Esta no es simplemente un respeto superficial, sino un reconocimiento sincero del valor que cada miembro tiene ante los ojos de Dios. La honra, a menudo pasada por alto, es el pegamento invisible que mantiene a una familia unida incluso en las peores tormentas. ¿Por qué algunos matrimonios superan pruebas difíciles mientras otros se desmoronan ante la adversidad? La clave está en la práctica diaria de un amor decidido y la honra mutua. Un matrimonio fuerte no es casualidad, sino un reflejo del amor de Dios en acción y una elección consciente de amar y apoyar al otro, sin importar los desafíos. La fortaleza matrimonial surge de pequeñas decisiones diarias basadas en el amor sacrificial y la prioridad constante del bienestar del cónyuge. En cuanto a la crianza, el desafío es aún mayor en un mundo lleno de distracciones y tentaciones. ¿Cómo podemos guiar a nuestros hijos para que crezcan con una fe firme y un carácter moldeado por principios bíblicos? Dios nos ha confiado a nuestros hijos, y nuestra responsabilidad es criarlos en un ambiente de amor y disciplina que los prepare para enfrentar un mundo lleno de retos. Con estrategias prácticas basadas en la Palabra de Dios, podemos formar hijos con sabiduría, confianza y una fe profunda en Dios. Las relaciones familiares no se limitan solo al núcleo inmediato; la familia extendida también juega un papel importante. Mantener la paz y la armonía con suegros, cuñados y otros familiares puede ser un reto, pero es esencial para una verdadera unidad familiar. Aquí aprenderemos a construir puentes de comprensión y respeto, superando las diferencias con gracia y sabiduría. Aunque a veces complicadas, estas relaciones son fundamentales para una familia que refleja los principios del Reino de Dios.

¿Por qué la familia es tan vital en el liderazgo pastoral? La razón es clara: la familia es el primer campo de ministerio. La manera en que un líder gestiona su hogar refleja su capacidad para liderar la iglesia. Un hogar basado en el amor, la honra y la disciplina no solo es un testimonio del poder de Dios, sino también un ejemplo inspirador para otros. Los líderes que demuestran una vida familiar sana motivan a su congregación a seguir el mismo camino, fortaleciendo la comunidad. Es hora de aplicar estos principios en nuestras vidas. Honremos a cada miembro de nuestra familia, fortalezcamos nuestros matrimonios con amor decidido y guiemos a nuestros hijos con sabiduría. Así obedecemos los mandatos divinos y construimos hogares donde el amor de Dios se manifiesta poderosamente. Al aceptar la invitación a redescubrir la belleza de la familia según el diseño de Dios, transformaremos nuestras familias y fortaleceremos nuestras congregaciones, dando testimonio del poder transformador del amor divino.

CAPÍTULO 6
HONRA

El liderazgo cristiano, en su esencia más pura, no se trata únicamente de la capacidad de guiar, enseñar o pastorear a una congregación, sino de vivir los valores del Reino de Dios en todos los aspectos de la vida, comenzando con la familia. Esta no es solo un contexto en el que el líder vive, sino que es el primer ministerio que Dios ha confiado al pastor o líder cristiano. La estabilidad, salud y unidad de la familia del líder no solo reflejan su relación con Dios, sino que también tienen un impacto directo en su capacidad para liderar de manera efectiva y auténtica. Si bien el ministerio en la iglesia es fundamental, la fortaleza del hogar es la base sobre la cual se construye un liderazgo verdaderamente sólido.

Uno de los pilares fundamentales que sostienen la vida familiar desde una perspectiva bíblica es el principio de honra. La Biblia nos enseña claramente en los Diez Mandamientos: "Honra a tu padre y a tu madre, para que tus días se alarguen en la tierra que Jehová tu Dios te da" (Éxodo 20:12). Este principio, que se acompaña de una promesa, no es simplemente una instrucción para los hijos, sino una realidad que afecta todas las interacciones dentro del hogar. El concepto de honra va más allá del respeto y se extiende a cada miembro de la familia, desde los esposos hasta los hijos, creando un ambiente en el que todos se sienten valorados y reconocidos por el papel que desempeñan en el hogar.

La importancia de la honra en el matrimonio. El matrimonio es uno de los pilares más significativos de la vida de un líder cristiano, y la relación entre esposo y esposa debe ser un reflejo del amor y la unidad de Cristo con Su iglesia. En Efesios 5:25-33, Pablo insta a los esposos a amar a sus esposas como Cristo amó a la iglesia y se entregó por ella, y a las esposas a respetar a sus esposos. La honra mutua dentro del matrimonio no es solo un mandato, sino una muestra visible del amor sacrificial y el respeto profundo que debe existir entre ambos. Cuando un líder honra a su cónyuge, está mostrando a la congregación cómo debe ser una relación basada en los valores del Reino: una relación de sacrificio, servicio y respeto.

Sin embargo, mantener la honra dentro del matrimonio puede ser un desafío, especialmente para los líderes que a menudo se encuentran enfrentando demandas ministeriales que consumen mucho tiempo y energía. Es fácil para los pastores y líderes sentirse absorbidos por las responsabilidades de la iglesia, relegando el cuidado del matrimonio a un segundo plano. Pero es precisamente en estos momentos cuando la honra se convierte en un principio fundamental. Honrar a tu cónyuge significa priorizar la relación, asegurarse de que se dedique tiempo de calidad, que haya comunicación efectiva y que se reconozca el valor y el esfuerzo del otro. El matrimonio es un reflejo del ministerio del líder, y una relación saludable no solo fortalece la familia, sino que también provee una base estable desde la cual el líder puede servir con integridad y plenitud.

La honra hacia los hijos. La honra en la familia no se limita a la relación entre los cónyuges, sino que también se extiende a la relación entre padres e hijos. En Efesios 6:4, Pablo exhorta a los padres: "Y vosotros, padres, no provoquéis a ira a vuestros hijos, sino criadlos en disciplina y amonestación del Señor". Honrar a los hijos implica no solo corregirlos cuando sea necesario, sino también valorarlos, escucharlos y guiarlos en el camino del Señor. Muchos líderes cristianos, debido a las exigencias del ministerio, pueden sentirse culpables por no pasar suficiente tiempo con sus hijos. Es precisamente en estos momentos cuando la honra se convierte en un principio que debe ser practicado activamente.

Los hijos observan cómo sus padres manejan las dificultades y los retos de la vida, cómo viven su fe y cómo tratan a los demás. El tiempo de calidad que los padres dedican a sus hijos no solo fortalece los lazos familiares, sino que también proporciona a los hijos un modelo de vida cristiana auténtica. Honrar a los hijos implica reconocer su valor como individuos y asegurarse de que crezcan en un ambiente donde se sientan amados, seguros y respetados. Este tipo de honra no solo fomenta relaciones familiares saludables, sino que también siembra en los hijos los principios del Reino de Dios, enseñándoles a honrar a Dios y a los demás en su propia vida.

Honra en los tiempos de conflicto familiar. No hay familia que esté exenta de conflictos. Las tensiones, malentendidos y diferencias son una realidad en cualquier hogar, y las familias de los líderes cristianos no son una excepción. Sin embargo, es precisamente en los tiempos de conflicto donde la honra se vuelve aún más crucial. Muchas veces, los conflictos familiares pueden convertirse en profundas heridas emocionales que tardan en sanar. La falta de comunicación, el orgullo y el rencor pueden erosionar los lazos familiares y crear un ambiente de distanciamiento y división. Pero la honra tiene el poder de romper este ciclo y abrir la puerta a la reconciliación.

Cuando un líder cristiano elige honrar a su familia en medio de un conflicto, está eligiendo el camino del perdón, del diálogo y del amor incondicional. La honra no depende de las circunstancias, sino que es un mandato divino que debemos practicar incluso en los momentos difíciles. Honrar a la pareja, a los hijos o a los padres durante los conflictos significa tratarlos con respeto, escucharlos con atención y buscar soluciones que promuevan la sanidad y la unidad en el hogar. A través de este tipo de honra, el líder está modelando ante su familia y su congregación un amor que no guarda rencor, que es paciente y que siempre busca el bien común.

La familia como el primer ministerio. Para cualquier líder cristiano, la familia es su primer ministerio. Antes de ser pastor, predicador o líder de una congregación, el líder es esposo, esposa, padre o madre. La capacidad de un líder para guiar a su familia es un reflejo directo de su capacidad para guiar a la iglesia. Como bien dice 1 Timoteo 3:4-5, uno de los requisitos para los líderes es que gobiernen bien su propia casa: "pues el que no sabe gobernar su propia casa, ¿cómo cuidará de la iglesia de Dios?". Este principio subraya la importancia de que el líder mantenga el orden, el amor y el respeto en su hogar como un ejemplo para la congregación.

El hogar del líder no necesita ser perfecto, pero sí debe ser un lugar donde se practiquen los principios del Reino de Dios. La familia debe ser un lugar de refugio y fortaleza, tanto para el líder como para sus seres queridos. Cuando la familia está bien cuidada, el líder se encuentra en una posición emocional y espiritual mucho más sólida para enfrentar las demandas del ministerio. El éxito en el ministerio comienza en casa, y cuando la familia está unida, el ministerio puede florecer de manera saludable.

Por eso, la honra en la familia no es solo una sugerencia, sino un pilar fundamental del liderazgo cristiano. Honrar a los cónyuges, a los hijos y a los padres no solo crea un ambiente de amor y respeto en el hogar, sino que también fortalece el ministerio y permite que el líder sea un testimonio vivo del poder transformador de Dios. La honra trasciende el respeto superficial y se convierte en una base sólida sobre la cual se construyen relaciones duraderas y saludables, tanto en el hogar como en el ministerio. Cuando la familia está cimentada en la honra, el ministerio puede prosperar, y el Reino de Dios se manifiesta poderosamente a través del testimonio de una vida familiar que refleja los valores de amor, gracia, perdón y verdad que Cristo nos ha enseñado.

CAPÍTULO 7
MATRIMONIO

El matrimonio, en el liderazgo cristiano, es mucho más que una relación interpersonal; es un símbolo del pacto entre Cristo y la iglesia. En este sentido, no se trata simplemente de una unión emocional o funcional, sino de una base espiritual sobre la cual descansa gran parte del éxito y la estabilidad de un ministerio. Para el líder cristiano, el matrimonio no es solo una parte más de la vida, sino una plataforma esencial que, cuando se cuida y se nutre adecuadamente, permite que el ministerio florezca y alcance su máximo potencial. En este capítulo, exploraremos cómo el matrimonio, según el diseño de Dios, ofrece los cimientos emocionales, espirituales y morales necesarios para un liderazgo sólido, y por qué debe ser priorizado como el primer ministerio del líder.

El matrimonio como diseño divino. Desde el principio, Dios instituyó el matrimonio como un componente clave de Su plan para la humanidad. En Génesis 2:18, Dios dice: "No es bueno que el hombre esté solo; le haré ayuda idónea para él". Aquí, el matrimonio se presenta no solo como una solución para la soledad, sino como una relación de complementariedad y mutuo apoyo. En el diseño de Dios, el esposo y la esposa se necesitan el uno al otro para cumplir los propósitos divinos en sus vidas y en el ministerio que llevan juntos. Para el líder cristiano, el matrimonio debe ser visto como un pacto espiritual que trasciende las emociones o las circunstancias temporales. La unidad entre el esposo y la esposa no solo refuerza la solidez del hogar, sino que también sirve como un ejemplo viviente para la congregación y la comunidad. Un matrimonio saludable muestra las cualidades esenciales de la gracia, el perdón, el sacrificio y la fidelidad, principios fundamentales para la vida cristiana y el liderazgo. Cuando el pastor o líder tiene un matrimonio sólido, esa estabilidad se refleja en su capacidad para guiar a otros con sabiduría, enfrentar conflictos con templanza y ser un modelo de relaciones sanas y equilibradas.

El matrimonio como refugio emocional y espiritual. El ministerio pastoral es una labor intensa que exige mucho en el ámbito emocional, físico y espiritual. Los pastores y líderes se encuentran a menudo en situaciones en las que cuidan de las necesidades espirituales de otros, enfrentan crisis emocionales de los miembros de su congregación y gestionan las múltiples demandas del liderazgo. Todo esto puede generar un agotamiento emocional considerable, que, si no se gestiona adecuadamente, puede llevar al agotamiento. En este contexto, el matrimonio tiene el potencial de ser un refugio seguro. Cuando el matrimonio está bien cuidado, se convierte en un refugio emocional y espiritual donde el líder puede encontrar consuelo, ánimo y apoyo. En Efesios 5:25-29, Pablo describe cómo los esposos deben amar a sus esposas como Cristo amó a la iglesia, entregándose por ella. He experimentado que este amor sacrificial es clave para un matrimonio saludable, ya que permite que tanto el esposo como la esposa se apoyen mutuamente en momentos de dificultad. Este tipo de relación proporciona al líder un espacio donde puede ser vulnerable, compartir sus luchas y recibir el aliento necesario para seguir adelante en su misión.

Sin embargo, para que el matrimonio cumpla con este rol de refugio, debe ser priorizado. Es fácil caer en la trampa de poner el ministerio por encima del matrimonio, pensando que esto es lo correcto porque el trabajo para la iglesia es de naturaleza espiritual. No obstante, esta forma de pensar puede llevar al agotamiento y al deterioro del matrimonio, lo que afectará negativamente tanto al líder como a su ministerio. El matrimonio, como primer ministerio del líder, debe ser alimentado con tiempo, atención y dedicación. Un líder que nutre su matrimonio tendrá una fuente de estabilidad emocional y espiritual que le permitirá servir con mayor autenticidad, energía y equilibrio.

El amor como decisión en el matrimonio cristiano. Uno de los conceptos más mal entendidos acerca del matrimonio, tanto dentro como fuera de la iglesia, es la idea de que el amor es puramente una emoción. Muchas veces se piensa que el amor es algo que sentimos y que puede cambiar según las circunstancias. Sin embargo, la Biblia enseña que el amor en el matrimonio es una decisión diaria de comprometerse con el bienestar del otro, a pesar de los desafíos que puedan surgir.

En 1 Corintios 13, Pablo describe el amor como paciente, bondadoso, no egoísta, y que no guarda rencor. Estos aspectos del amor no son meros sentimientos, sino acciones que requieren elección activa. En el contexto del matrimonio del líder, esto significa que el amor debe ser renovado constantemente a través de actos de servicio, perdón y sacrificio. Es este tipo de amor el que sostiene un matrimonio a lo largo del tiempo, incluso cuando los sentimientos fluctúan. Para el líder cristiano, el matrimonio debe ser un testimonio viviente de este amor basado en decisiones. La congregación observa cómo el pastor trata a su cónyuge, cómo enfrenta las dificultades y cómo prioriza el bienestar del otro. Un líder que decide amar a su pareja cada día, no solo en las buenas, sino también en las malas, se convierte en un ejemplo poderoso de lo que significa vivir el evangelio en el día a día.

El manejo del tiempo en el matrimonio. Uno de los desafíos más grandes que enfrentan los pastores y líderes es la gestión del tiempo. Entre las responsabilidades del ministerio, las reuniones, la preparación de sermones y la atención a las necesidades de la congregación, el tiempo de calidad para el matrimonio puede ser fácilmente descuidado. No obstante, es precisamente este tiempo de calidad el que mantiene viva la relación matrimonial y evita que la pareja se distancie emocionalmente.

El matrimonio necesita tiempo intencional para crecer y florecer. Esto no significa solo resolver problemas o gestionar las tensiones cotidianas, sino también dedicar tiempo a disfrutar mutuamente de la compañía del otro, orar juntos, compartir sueños y metas, y fortalecer la intimidad emocional y espiritual. El tiempo que se invierte en el matrimonio no es un lujo; es una "inversión estratégica" que impacta directamente en la salud del ministerio. Un líder que cuida su relación matrimonial tendrá más fuerza emocional y espiritual para lidiar con las demandas del ministerio.

El manejo de los conflictos en el matrimonio pastoral. Los conflictos son inevitables en cualquier matrimonio, y el matrimonio de un pastor no es la excepción. Sin embargo, lo que distingue a un matrimonio cristiano es la manera en que se manejan los conflictos. La clave no es evitar los problemas, sino aprender a resolverlos de manera que fortalezcan la relación en lugar de debilitarla. Pablo enseña en Efesios 4:26: "No se ponga el sol sobre vuestro enojo". Este principio es vital en el matrimonio, ya que los conflictos no resueltos pueden convertirse en resentimientos que erosionan la relación con el tiempo. Para un pastor o líder, el matrimonio debe ser un lugar donde el conflicto se vea como una oportunidad para el crecimiento. A través de la comunicación honesta, el perdón y la reconciliación, los matrimonios pastorales pueden enfrentar y superar sus desafíos, saliendo más fuertes del proceso.

El impacto del matrimonio en el ministerio. El estado del matrimonio de un líder cristiano tiene un impacto directo en su ministerio. Cuando el matrimonio es saludable, el líder tiene una base emocional y espiritual sólida que le permite ministrar con confianza y compasión. En definitiva, el matrimonio es un pilar esencial para el éxito del liderazgo cristiano. No es solo una relación interpersonal, sino una representación del pacto de amor entre Cristo y su iglesia. Un matrimonio sólido proporciona al líder el apoyo emocional y espiritual que necesita para cumplir con su llamado ministerial. Por lo tanto, es crucial que los líderes cristianos prioricen su matrimonio y lo cuiden como su primer ministerio, asegurándose de que este sea un reflejo de la gracia, el amor y el compromiso que Cristo tiene con su iglesia. Cuando el matrimonio florece, el ministerio también lo hace, y el Reino de Dios se expande a través del testimonio de un hogar fortalecido en el amor y la verdad de Dios.

CAPÍTULO 8
LOS HIJOS

Quiero insistir en que el ministerio pastoral y el liderazgo cristiano, sin lugar a dudas, tienen un vínculo profundo e inquebrantable con la gestión efectiva del hogar. No es solo un aspecto importante, sino un fundamento sobre el cual se construye la capacidad de liderar en cualquier ámbito. La familia es el primer campo de ministerio que cualquier líder tiene bajo su responsabilidad. Esto lo señala claramente el apóstol Pablo en su instrucción a Timoteo, donde establece una conexión directa entre la habilidad de gobernar bien el hogar y la capacidad para cuidar de la iglesia de Dios: "El que no sabe gobernar su propia casa, ¿cómo cuidará de la iglesia de Dios?" (1 Timoteo 3:5). Esta declaración no solo es un recordatorio, sino también una advertencia clara sobre la importancia crucial que tiene la familia en el liderazgo cristiano.

El hogar: la primera escuela de liderazgo. El hogar no es simplemente un espacio donde los pastores y líderes pueden descansar después de una larga jornada ministerial. Es, de hecho, la primera escuela de liderazgo, donde se practican las habilidades que más adelante se utilizarán en la congregación. En el ámbito familiar, se presentan situaciones cotidianas que requieren paciencia, sabiduría y discernimiento, las mismas cualidades que luego serán indispensables en el ministerio. La dinámica familiar, especialmente en la crianza de los hijos y en la relación con el cónyuge, se convierte en un campo fértil donde se ejercitan las capacidades de gestión emocional y espiritual. En casa, el líder está continuamente confrontado con desafíos prácticas: criar a los hijos, amar y servir a su cónyuge, mantener el orden en medio del caos y equilibrar todas estas demandas con las responsabilidades del ministerio. Si el líder no puede manejar de manera efectiva las tensiones en su hogar, difícilmente podrá hacerlo en el contexto más amplio de la iglesia. El hogar se convierte en el espacio donde las habilidades de liderazgo se prueban y perfeccionan.

El hogar como refugio y campo de batalla emocional. Para muchos pastores y líderes, el hogar puede ser tanto un refugio como un campo de batalla emocional y espiritual. Por un lado, es un lugar de consuelo y descanso, donde se busca apoyo emocional después de los desafíos del ministerio. Por otro lado, es también el escenario donde se presentan luchas personales y familiares que deben ser enfrentadas con valentía y sabiduría. Criar a los hijos, por ejemplo, es una tarea que requiere dedicación, tiempo y esfuerzo. Los hijos son una bendición de Dios, pero también necesitan guía, corrección y amor constante. En muchos casos, debido a las exigencias del ministerio, los pastores y líderes pueden descuidar esta responsabilidad crucial, lo que puede tener consecuencias desastrosas tanto para sus hijos como para su ministerio. Es fácil caer en la trampa de pensar que los hijos forman parte de la vida privada del líder y que sus necesidades pueden esperar. Sin embargo, los hijos representan una responsabilidad espiritual directa. Dios ha confiado a los padres la tarea de enseñar a sus hijos en los caminos del Señor, de corregirlos cuando sea necesario y de modelar ante ellos lo que significa vivir una vida que honre a Dios. Los pastores y líderes no pueden delegar esta tarea ni restarle importancia, ya que la relación con sus hijos es una prioridad espiritual que impacta directamente en la calidad de su liderazgo.

La importancia de una relación cercana con los hijos. Uno de los aspectos más fundamentales del liderazgo familiar es la relación cercana que los pastores y líderes deben cultivar con sus hijos. Criar a los hijos no es simplemente una cuestión de imponer reglas o aplicar correcciones cuando se equivocan. Es una inversión diaria y constante en el desarrollo del carácter y la vida espiritual de cada hijo. Los hijos necesitan sentirse amados, valorados y comprendidos por sus padres. Cuando los hijos de los líderes se sienten descuidados o abandonados porque sus padres están constantemente ocupados atendiendo a los miembros de la congregación, esto puede generar un vacío emocional que, con el tiempo, puede transformarse en resentimiento hacia el ministerio e incluso hacia Dios.

Es por ello que el tiempo de calidad con los hijos es absolutamente crucial. No se trata solo de la cantidad de tiempo que un padre o madre pasa con sus hijos, sino de la calidad de las interacciones que se tienen con ellos. Los hijos necesitan más que la presencia física de sus padres; necesitan que estos se interesen de manera activa en sus vidas, que se preocupen por sus luchas, que escuchen sus preguntas y que se tomen el tiempo para hablar sobre sus intereses y necesidades. Cuando los padres dedican tiempo significativo a sus hijos, están sembrando semillas espirituales en sus corazones, y el fruto de ese esfuerzo se verá en los años venideros.

El equilibrio entre el ministerio y la familia. Uno de los mayores desafíos que enfrentan los pastores y líderes es cómo equilibrar las demandas del ministerio con las necesidades de la familia. Las demandas del ministerio pueden ser abrumadoras: las reuniones, los sermones, la consejería, las crisis en la congregación, y mucho más. Sin embargo, es imperativo recordar que la primera responsabilidad ministerial de cualquier pastor o líder es hacia su familia. Un pastor o líder que descuida a su familia por el bien del ministerio está construyendo sobre un fundamento inestable. El éxito en el ministerio no debería alcanzarse a expensas del hogar. Al contrario, un hogar sano y fuerte es el cimiento sobre el cual se puede edificar un ministerio fructífero. Los pastores que priorizan a sus familias, que cuidan de sus cónyuges y que dedican tiempo a sus hijos, están estableciendo una base firme que les permitirá servir a la iglesia con mayor libertad, paz y efectividad.

La corrección en el hogar: un acto de amor. La corrección es otra área clave en la crianza de los hijos y en el liderazgo familiar. La Biblia es clara al enseñar que la corrección es una parte esencial de la educación de los hijos. Proverbios 13:24 lo expresa así: "El que detiene el castigo, a su hijo aborrece; mas el que lo ama, desde temprano lo corrige". Sin embargo, la corrección debe ser administrada con sabiduría, gracia y amor. No se trata de castigar a los hijos por cada error, sino de guiarlos hacia el entendimiento del bien y del mal, y de ayudarles a tomar decisiones sabias basadas en los principios de la Palabra de Dios.

Es fundamental recordar que la corrección no es una reacción impulsiva ante la desobediencia, sino una herramienta formativa para el carácter de los hijos. Cuando la corrección se administra con amor, los hijos aprenden no solo que sus acciones tienen consecuencias, sino que también reciben la oportunidad de experimentar la gracia y el perdón de Dios a través de sus padres.

La relación con los hijos en el contexto del ministerio. La manera en que los pastores y líderes se relacionan con sus hijos tiene un impacto profundo en su ministerio. Los hijos que se sienten amados, valorados y apoyados tienden a desarrollar un respeto natural por el ministerio de sus padres. Ven en ellos no solo a líderes de la iglesia, sino a personas que viven lo que predican. Esto crea un legado espiritual duradero que no solo afecta a la familia inmediata, sino también a las generaciones futuras. Un pastor que invierte tiempo en su relación con sus hijos está modelando ante la congregación lo que significa priorizar la familia. Este ejemplo es poderoso porque enseña a la iglesia que el ministerio no es solo una cuestión de predicar desde el púlpito, sino de vivir los principios del Reino de manera práctica en la vida diaria. Cuando la congregación ve que el pastor cuida de su familia, aprenden a hacer lo mismo en sus propios hogares.

La familia como el fundamento del ministerio. Cuando los pastores y líderes cuidan de sus familias, están construyendo un ministerio fuerte y duradero, capaz de impactar tanto a la iglesia como al mundo. Nunca debemos olvidar que la gestión efectiva del hogar es una de las mayores responsabilidades que Dios ha confiado a los líderes cristianos, y que el fruto de ese cuidado no solo se verá en la familia, sino también en el ministerio.

CAPÍTULO 9
FAMILIAS EXTENDIDAS

La familia extendida ocupa un lugar importante, aunque a menudo subestimado. En este capítulo, abordaremos cómo los pastores y líderes pueden gestionar las dinámicas de la familia extendida de manera sabia, amorosa y saludable, entendiendo que estas relaciones no son accesorias, sino fundamentales para el éxito personal y ministerial.

La familia extendida en el contexto cristiano. La familia extendida abarca a aquellos que se incorporan a nuestra vida a través del matrimonio: suegros, cuñados, yernos, nueras, y otros familiares cercanos. A menudo, las parejas recién casadas creen que pueden separarse completamente de las familias de origen y centrarse únicamente en su nueva unidad familiar. Sin embargo, esta visión es incompleta, ya que ignora el bagaje emocional, cultural y relacional que cada persona trae consigo al matrimonio. La manera en que manejemos las relaciones con la familia extendida puede impactar tanto nuestro bienestar personal como la estabilidad de nuestro hogar y ministerio.

El mito de la independencia familiar —la idea de que solo nos casamos con nuestra pareja y no con su familia— ha causado muchas tensiones en los matrimonios. La realidad es que cada persona está enraizada en una historia familiar, y la familia extendida forma parte de ese contexto. Aprender a gestionar estas relaciones es esencial para mantener la paz en nuestro hogar y garantizar que nuestro matrimonio no se vea afectado por conflictos innecesarios.

El mandato de la paz. En Romanos 12:18, el apóstol Pablo nos da una instrucción sencilla pero profunda: "En lo que dependa de ustedes, estén en paz con todos". Este mandato no es opcional, y su relevancia aumenta cuando se aplica a la familia extendida. A menudo, las diferencias de opiniones, creencias o estilos de vida pueden generar tensiones entre el líder cristiano y su familia política. Sin embargo, la Escritura nos llama a buscar activamente la paz en todas nuestras relaciones, especialmente con aquellos que están más cerca de nosotros.

Vivir en paz no significa necesariamente estar de acuerdo en todo, pero sí implica hacer todo lo que esté en nuestras manos para evitar conflictos y mantener una atmósfera de amor y respeto. Este esfuerzo es esencial no solo para la vida familiar, sino también para el ministerio. Si un pastor o líder no puede mantener relaciones saludables con su familia extendida, esa falta de paz puede filtrarse en su liderazgo, afectando su capacidad para guiar y servir a su congregación.

Sabiduría para manejar las diferencias. Uno de los principios clave para gestionar las relaciones con la familia extendida es la sabiduría. Proverbios 4:7 nos recuerda: "Sabiduría ante todo; adquiere sabiduría". Cuando tratamos con la familia extendida, es probable que nos enfrentemos a diferencias en maneras de pensar, costumbres, y formas de ver la vida. La sabiduría nos permite navegar esas diferencias con gracia, evitando discusiones innecesarias y manteniendo una actitud de respeto. Ser sabio en estas relaciones implica saber cuándo hablar y cuándo guardar silencio, cuándo intervenir y cuándo permitir que las cosas sigan su curso. No todas las diferencias deben convertirse en un punto de conflicto. Parte de la sabiduría está en aceptar las diferencias y encontrar formas de convivir pacíficamente a pesar de ellas. A través de esta sabiduría, podemos construir puentes en lugar de muros, y fortalecer nuestras relaciones familiares.

Por ejemplo, es común que surjan diferencias en la manera de criar a los hijos, en las creencias políticas o en la manera de practicar la fe. En lugar de ver estas diferencias como obstáculos, podemos abordarlas con una actitud de comprensión y respeto, sabiendo que el amor y la paz son más importantes que tener la razón en cada debate.

La construcción de puentes. En el Antiguo Testamento, los sacerdotes actuaban como constructores de puentes entre Dios y los hombres. En el contexto de la familia extendida, los pastores y líderes cristianos también son llamados a ser constructores de puentes, restaurando relaciones rotas y promoviendo la reconciliación. Las tensiones en la familia extendida son inevitables, pero como líderes, debemos ser los primeros en buscar el diálogo, la paz y la restauración. Construir puentes no significa que estemos de acuerdo en todo, sino que priorizamos el amor y el respeto por encima de las diferencias. Cuando surgen conflictos, nuestra primera respuesta debe ser buscar la reconciliación. Este esfuerzo no solo fortalecerá los lazos familiares, sino que también dará testimonio a los demás de lo que significa ser un seguidor de Cristo en el ámbito de las relaciones interpersonales. En muchas familias, las relaciones se deterioran debido a malentendidos o a la falta de comunicación. Como líderes cristianos, no podemos permitir que las fracturas familiares se perpetúen, especialmente si están afectando a nuestra familia inmediata. Nuestra responsabilidad es hacer todo lo posible para sanar esas relaciones, buscando el perdón y restaurando los vínculos que se han roto.

El respeto: un pilar fundamental. El respeto es otro principio clave en la gestión de las relaciones con la familia extendida. El respeto no implica necesariamente estar de acuerdo, pero sí significa tratar a los demás con dignidad y reconocer su valor como seres creados a imagen de Dios. Respecto a la familia extendida, esto puede ser un desafío, ya que nuestras diferencias pueden ser más evidentes y difíciles de ignorar. Pero, el respeto también es una muestra de madurez espiritual. Al aceptar que otros pueden tener opiniones o costumbres diferentes, estamos demostrando que nuestro enfoque está en el amor de Cristo y no en ganar discusiones. Esto no solo fortalece nuestra relación con la familia extendida, sino que también modela para nuestra congregación cómo deben manejarse las diferencias en el cuerpo de Cristo.

La familia extendida como parte del ministerio. A menudo, los líderes cristianos ven el ministerio y la familia como dos esferas separadas. Sin embargo, la realidad es que el ministerio comienza en el hogar, y la manera en que gestionamos las relaciones dentro de nuestra familia, incluida la extendida, impacta directamente en nuestra capacidad para liderar de manera efectiva. Si no podemos mantener la paz y el respeto dentro de nuestra propia familia, será difícil hacerlo en la iglesia o en el ministerio. En este sentido, la familia extendida no es solo un aspecto accesorio de nuestras vidas; es una parte integral de nuestro ministerio. Las tensiones y conflictos dentro de la familia extendida pueden afectar nuestra paz interior y, por ende, nuestra capacidad para servir a nuestra comunidad de fe. Al trabajar en nuestras relaciones familiares, estamos fortaleciendo el cimiento sobre el cual se construye nuestro ministerio.

Cuando un pastor o líder tiene una relación saludable con su familia extendida, muestra que el evangelio no solo se predica desde el púlpito, sino que se vive en la interacción diaria con aquellos que nos rodean. La familia extendida es una parte crucial de la vida de cualquier pastor o líder cristiano, y su manejo adecuado es esencial para el bienestar del hogar y del ministerio. Al aplicar sabiduría, construir puentes y mostrar respeto, podemos fortalecer nuestras relaciones familiares y, al mismo tiempo, mejorar nuestra capacidad para liderar de manera efectiva. El ministerio no es solo una cuestión de liderazgo público, sino también de liderazgo en el hogar. Si deseamos ser efectivos en nuestro ministerio, debemos comenzar por construir una base sólida en nuestras relaciones familiares. Al hacerlo, estaremos glorificando a Dios y construyendo un ministerio que refleja su amor y su poder reconciliador.

PILAR 3
APRENDIZ

En un mundo saturado de información, muchos líderes creen estar completamente equipados para guiar a otros. Han dedicado tiempo a formarse, acumular experiencias y recibir reconocimiento. Sin embargo, a menudo se subestima un elemento crucial: la capacidad de mantenerse enseñable. Este aspecto no es secundario en el liderazgo cristiano; es lo que diferencia a los líderes que verdaderamente impactan y transforman vidas de aquellos que simplemente predican sin profundidad. ¿Por qué algunos líderes, a pesar de su vasto conocimiento y experiencia, se estancan? Lo que antes era crecimiento se convierte en rutina, y lo que fluía del Espíritu se vuelve mecánico. La razón es clara: el líder que deja de aprender, deja de crecer. Esto no solo genera estancamiento, sino que también puede desconectarlo de la voluntad de Dios, afectando no solo su ministerio, sino a toda la comunidad que lo sigue. El verdadero liderazgo en el Reino de Dios no se limita a enseñar y dirigir, sino que implica una disposición constante a ser transformado por nuevas revelaciones del Espíritu Santo. Este aprendizaje no es superficial ni solo intelectual; involucra todo el ser del líder: su carácter, visión y relación con Dios y los demás.

La humildad es el fundamento de un liderazgo enseñable. Un líder verdaderamente fuerte no basa su confianza en lo que ya sabe, sino en su disposición a ser moldeado. Lejos de ser una señal de debilidad, esta actitud refleja madurez espiritual. Reconocer que

Dios siempre tiene más para enseñar es sabiduría, no falta de experiencia. Así, la verdadera cuestión no es cuántas lecciones has enseñado, sino cuántas oportunidades de crecimiento has dejado pasar por no estar abierto a lo que Dios quería mostrarte.

Los líderes enseñables entienden que las lecciones de Dios no solo llegan a través de las Escrituras o la oración. Muchas veces, las circunstancias difíciles, las personas que Dios pone en nuestro camino y los fracasos son las fuentes más transformadoras de aprendizaje. Cuando el líder pregunta: "Señor, ¿qué quieres que aprenda en medio de esto?", las pruebas se convierten en oportunidades de crecimiento, en lugar de fuentes de frustración. Uno de los mayores peligros que enfrenta un líder es desarrollar un corazón cerrado que, con el tiempo, se endurece. Esta actitud no solo frena el crecimiento personal, sino que bloquea la obra del Espíritu Santo. Pablo advirtió en 1 Corintios 8:2: "Si alguno cree que sabe algo, todavía no sabe como debería saber". Ningún líder, por más experimentado, está exento de la necesidad de seguir aprendiendo. Cuando un líder está dispuesto a soltar sus propios paradigmas y abrirse a lo que Dios quiere mostrarle, ocurre algo extraordinario. Aunque no es fácil, este proceso requiere valentía para confrontar las propias limitaciones y reconsiderar métodos y enfoques que antes parecían efectivos. Los líderes que aceptan este desafío descubren que Dios siempre tiene una nueva perspectiva que no solo transformará su liderazgo, sino también el impacto que tienen en los demás.

Un líder enseñable también sabe escuchar. Entiende que Dios puede hablar a través de cualquier persona, sin importar su estatus o experiencia. La soberbia espiritual puede hacer que los líderes desestimen las lecciones que podrían recibir de los miembros más humildes de la iglesia. Sin embargo, el verdadero discípulo de Cristo reconoce que cada persona puede ser un canal de la sabiduría de Dios, y esta humildad para aprender de cualquier fuente hace al líder más efectivo. La pregunta ahora es: ¿Estás dispuesto a reconocer que aún hay más por aprender? ¿Estás dispuesto a aceptar que Dios sigue enseñándote, y que su obra en tu vida y ministerio está en curso? Ser un líder enseñable no es una opción, es un mandato para aquellos que desean liderar con el poder y la autoridad que provienen del Espíritu Santo.

Este llamado no se trata solo de adquirir más conocimiento, sino de permitir que Dios continúe transformándote. Cada lección, cada circunstancia y cada interacción son oportunidades para que Dios moldee tu corazón y te lleve a una mayor profundidad espiritual. Al final, el verdadero éxito en el liderazgo cristiano no se mide por cuántas personas te siguen o cuántas metas alcanzaste, sino por tu disposición a ser un discípulo constante de Cristo, aprendiendo y siendo transformado por el Espíritu. Dios está listo para seguir enseñándote y revelarte más de su verdad. ¿Estás listo para aprender? Tu respuesta definirá tu crecimiento personal y el impacto que tu liderazgo tendrá en aquellos a quienes guías.

CAPÍTULO 10
LÍDERES ENSEÑABLES

El liderazgo cristiano no es solo un llamado a guiar, enseñar y pastorear; es, ante todo, un llamado a seguir aprendiendo constantemente. La esencia del liderazgo en el Reino de Dios se basa en la capacidad de ser un discípulo antes que un maestro. Un líder cristiano debe tener la humildad de reconocer que siempre hay espacio para el aprendizaje, que siempre hay algo más que Dios quiere revelar a través de su Palabra, su Espíritu, y las circunstancias que vivimos. Ser enseñable es uno de los pilares fundamentales de un liderazgo cristiano exitoso, y es a través de esta cualidad que los líderes pueden crecer, madurar y guiar a otros de manera efectiva.

El discipulado: El corazón del liderazgo cristiano. El discipulado no es un concepto pasajero en la vida del líder; no es algo que se deja de lado una vez que se ha alcanzado una posición de liderazgo o influencia. Ser un discípulo es la base del liderazgo cristiano. El discipulado implica la disposición de permanecer como un aprendiz, aun cuando se haya alcanzado un nivel significativo de conocimiento, experiencia y responsabilidad. Lamentablemente, muchos líderes, a medida que crecen en conocimiento y experiencia, tienden a caer en la trampa de creer que ya no necesitan aprender. Esta actitud puede llevar a una peligrosa complacencia espiritual y al estancamiento ministerial. Pero un líder verdaderamente efectivo entiende que nunca se deja de aprender en el Reino de Dios. La enseñanza y el aprendizaje no son procesos que cesan; son continuos, porque en la vasta sabiduría de Dios siempre hay más que conocer, más que comprender, más que aplicar. En el liderazgo cristiano, el aprendizaje constante no es una opción, sino una necesidad vital.

La enseñanza como una actitud del corazón. Ser enseñable no está relacionado con la cantidad de conocimiento que posees, sino con una actitud de humildad y disposición espiritual. Durante una conferencia pastoral, el pastor Jorge Himitian contó una ilustración poderosa que resuena en este tema. Comparó la situación con un maestro de primer grado que enseña la letra "A" a sus estudiantes. Sería absurdo que uno de los niños se levantara y dijera que no está de acuerdo con que esa sea la letra "A". El niño sabe que está allí para aprender, y esa disposición a recibir instrucción es esencial. Del mismo modo, aunque los líderes predican y enseñan constantemente, deben mantener una actitud de humildad y recordar que también necesitan ser enseñados.

El líder enseñable sabe que el aprendizaje verdadero no está limitado al intelecto, sino que es una cuestión del corazón. Un corazón enseñable es uno que permanece abierto a lo que Dios quiere enseñar, ya sea a través de su Palabra, su Espíritu, o de las circunstancias de la vida. En esta postura de humildad, el líder se mantiene receptivo a las nuevas revelaciones de Dios, reconociendo que nunca se puede llegar a un punto donde todo esté completamente aprendido.

Los peligros de un corazón cerrado. Uno de los mayores peligros que enfrenta el liderazgo cristiano es el de desarrollar un corazón cerrado a la enseñanza. Cuando un líder cree que ya ha alcanzado el máximo de conocimiento, se expone al estancamiento. La acumulación de conocimientos no garantiza el crecimiento espiritual ni ministerial; sin un corazón dispuesto a ser transformado, el conocimiento puede volverse infructuoso. El verdadero crecimiento proviene de un aprendizaje continuo que transforma tanto la mente como el corazón. El apóstol Pablo advirtió sobre el peligro de esta actitud en 1 Corintios 8:2: "Y si alguno se imagina que sabe algo, aún no sabe nada como debe saberlo". Esta advertencia es crucial para los líderes cristianos, porque nos recuerda que no debemos asumir que lo sabemos todo. Al adoptar esta actitud de autosuficiencia, nos cerramos a la obra del Espíritu Santo. Cada día Dios tiene algo nuevo que revelarnos, y solo aquellos con un corazón abierto y humilde podrán recibir y aplicar esas lecciones en su vida y ministerio.

Aprender a través de las circunstancias. Dios nos enseña no solo a través de las Escrituras, sino también a través de las circunstancias de la vida. Un líder verdaderamente enseñable es alguien que está dispuesto a aprender no solo cuando las cosas van bien, sino también cuando enfrenta dificultades, fracasos y pruebas. En esos momentos, en lugar de resistirse o quejarse, el líder sabio pregunta: "Dios, ¿qué quieres que aprenda de esto?".

A lo largo de la Biblia, encontramos numerosos ejemplos de líderes que aprendieron lecciones importantes a través de las pruebas. José, en el Antiguo Testamento, aprendió grandes lecciones sobre el carácter, la fidelidad y la paciencia durante su tiempo en la esclavitud y la prisión. Estas lecciones lo prepararon para ser un líder eficaz y compasivo cuando se convirtió en el segundo al mando en Egipto. Del mismo modo, las pruebas y desafíos que enfrentamos como líderes no son obstáculos para nuestro crecimiento, sino oportunidades que Dios usa para enseñarnos y moldearnos para ser más efectivos en su obra.

Derribando paradigmas y prejuicios. Parte de ser enseñable implica estar dispuesto a derribar prejuicios y paradigmas que nos impiden crecer. A menudo, las ideas preconcebidas o las tradiciones que hemos heredado pueden actuar como barreras para la revelación fresca de Dios. Mantener un corazón abierto y flexible significa estar dispuestos a abandonar nuestras maneras tradicionales de hacer las cosas si Dios nos está llamando a algo nuevo. Jesús fue un ejemplo claro de cómo desafiar los paradigmas religiosos de su tiempo. Constantemente desafiaba a los líderes religiosos de la época a ver más allá de sus tradiciones y abrirse a la revelación del Reino de Dios. De la misma manera, como líderes, debemos estar dispuestos a dejar de lado cualquier prejuicio o concepto que nos impida recibir la enseñanza de Dios. No se trata de abandonar nuestras convicciones fundamentales, sino de permitir que Dios nos lleve más profundamente en Su verdad y nos muestre áreas de nuestra vida y ministerio que necesitan ser ajustadas.

El Espíritu Santo como maestro continuo. El Espíritu Santo es nuestro maestro continuo. Él no solo nos guía hacia la verdad, sino que también nos capacita para aplicar esa verdad en nuestras vidas. Jesús prometió que el Espíritu Santo nos guiaría a toda verdad (Juan 16:13), y es a través de su obra que somos constantemente transformados y renovados. Debemos recordar que nuestra capacidad para aprender y crecer en el liderazgo depende de nuestra disposición a ser guiados por el Espíritu Santo. No podemos confiar en nuestro propio entendimiento o en nuestra experiencia pasada. En cambio, debemos depender del Espíritu Santo, quien es el único que puede mostrarnos lo que necesitamos aprender y cómo aplicar esa enseñanza en nuestras vidas y ministerio.

La enseñanza mutua en la comunidad. El discipulado no es un proceso solitario. Dios usa a las personas en nuestra vida para enseñarnos y moldearnos. A menudo, las lecciones más importantes vienen de aquellos que menos esperamos, y un líder enseñable sabe que puede aprender de cualquier persona, independientemente de su nivel de experiencia o posición.

La enseñanza mutua dentro de la comunidad cristiana es una herramienta poderosa para el crecimiento y la madurez espiritual. Un líder verdaderamente enseñable no teme recibir consejo, corrección o sabiduría de los demás. Esta humildad fortalece no solo al líder, sino también a la comunidad, creando una cultura de aprendizaje donde todos crecen juntos en el Señor.

Un líder enseñable es alguien que siempre está dispuesto a aprender, a ser corregido, y a crecer en el conocimiento y la verdad de Dios. Mantén un corazón humilde y abierto a lo que Dios quiere enseñarte cada día. Al hacerlo, serás un líder más efectivo, y el ministerio que te ha sido confiado florecerá en maneras que nunca habrías imaginado.

CAPÍTULO 11
LÍDERES CAPACITADOS

A lo largo de la vida ministerial, el líder es desafiado a mantenerse en un estado constante de formación y crecimiento, no solo por el bien de su propio desarrollo personal y espiritual, sino para ser un instrumento eficaz en las manos de Dios, capaz de guiar y servir a su congregación con sabiduría y discernimiento. Este capítulo busca profundizar en la idea de que la capacitación integral del líder cristiano es más que una acumulación de conocimiento; es una actitud del corazón y una disposición para ser formado por Dios en todas las áreas de la vida.

Capacitación integral: un proceso sin fin. La capacitación integral implica más que la simple obtención de títulos o certificados. A menudo, los líderes cristianos cometen el error de pensar que su formación termina cuando reciben un diploma de un instituto bíblico o un seminario. Sin embargo, la realidad es que la capacitación para el liderazgo nunca termina. En un mundo en constante cambio, donde las ideologías y culturas evolucionan rápidamente, es crucial que los líderes cristianos sean aprendices perpetuos, dispuestos a ajustar su comprensión y métodos para ser más efectivos en el servicio a Dios y a los demás. El apóstol Pablo es un ejemplo sobresaliente de un líder que nunca dejó de buscar sabiduría. A pesar de haber escrito gran parte del Nuevo Testamento y de haber sido un líder fundamental en el establecimiento de la iglesia primitiva, Pablo seguía buscando el conocimiento y la enseñanza. En 2 Timoteo 4:13, en una de sus últimas cartas, pide que le lleven "los libros, mayormente los pergaminos". Aún al final de su vida, Pablo entendía la importancia de seguir formándose, tanto espiritual como intelectualmente. Este ejemplo debe inspirarnos a todos los líderes cristianos a nunca dejar de aprender.

Conectados con el mundo: el conocimiento contextual. Uno de los mayores desafíos para muchos líderes cristianos es la desconexión del mundo en el que viven. Aunque la prioridad de todo líder debe ser lo espiritual, es un error ignorar los acontecimientos y problemas que afectan a las personas de su comunidad. Ser un líder eficaz significa estar al tanto de lo que sucede en el mundo real, comprendiendo las ideologías y desafíos que enfrenta la sociedad actual.

El liderazgo cristiano no puede permitirse el lujo de vivir aislado del contexto social, político y cultural. Jesús mismo vivió entre la gente, entendiendo sus luchas, sus contextos y sus necesidades. Él no se limitó a predicar sobre el Reino de los cielos, sino que también habló de temas muy reales y presentes en la vida de las personas. De la misma manera, un líder cristiano necesita estar informado sobre lo que está sucediendo en el mundo para ministrar de manera relevante y ofrecer soluciones bíblicas que se adapten a los tiempos. El pasaje de 1 Crónicas 12:32 menciona a los hijos de Isacar, quienes eran "entendidos en los tiempos" y sabían lo que Israel debía hacer. Este es un llamado a los líderes cristianos de hoy a comprender el contexto en el que ministran. Saber lo que ocurre en el mundo no es incompatible con la vida espiritual; de hecho, es esencial para un ministerio que sea relevante y eficaz en un mundo que enfrenta crisis económicas, debates éticos y cambios sociales.

Capacitación espiritual: una obra del espíritu santo. Aunque la capacitación intelectual y cultural es esencial, la capacitación espiritual sigue siendo el corazón del liderazgo cristiano. Un líder que descuida su crecimiento espiritual, que no cultiva una relación profunda con Dios a través de la oración y el estudio de las Escrituras, está poniendo en riesgo su ministerio. La capacitación espiritual no es solo un proceso de acumulación de conocimientos teológicos; es un proceso de transformación continua en el que el Espíritu Santo moldea el corazón y la mente del líder. El verdadero poder en el liderazgo cristiano no proviene del conocimiento humano, sino de la dependencia del Espíritu Santo. A menudo, a medida que los líderes adquieren más conocimientos y habilidades, pueden caer en la tentación de confiar en su propio entendimiento en lugar de buscar la guía de Dios. Proverbios 3:5 nos recuerda que debemos "fiarnos de Jehová de todo nuestro corazón" y no apoyarnos en nuestra propia prudencia. La verdadera capacitación espiritual es un reconocimiento continuo de que dependemos de Dios para todo y que necesitamos estar siempre abiertos a su guía.

El apóstol Pablo, en 2 Timoteo 2:15, insta a los líderes a "presentarse a Dios aprobados, como obreros que no tienen de qué avergonzarse, que usan bien la palabra de verdad". Esto subraya la importancia de estar profundamente capacitados en las Escrituras, no solo como un acto de disciplina intelectual, sino como una forma de estar espiritualmente preparados para los desafíos del ministerio. La capacitación espiritual es continua y requiere un corazón abierto y dispuesto a ser enseñado por Dios en cada temporada del ministerio.

Capacitación práctica: la administración del ministerio. La capacitación espiritual e intelectual son esenciales, pero un líder cristiano también necesita ser capacitado en las áreas prácticas del ministerio. El ministerio es multifacético y no se limita a la predicación o enseñanza; incluye la administración de recursos, el liderazgo de equipos, la planificación estratégica, la resolución de conflictos y la consejería, entre otros aspectos. Un líder que está capacitado en estas áreas puede guiar a su congregación de manera más efectiva, asegurando que el ministerio funcione de manera ordenada y eficiente.

Un pastor que no sabe cómo manejar las finanzas de su iglesia, por ejemplo, puede enfrentar serias dificultades que afecten tanto a su ministerio como a la confianza de su congregación. La resolución de conflictos es otra área crítica en la que muchos líderes carecen de habilidades prácticas. Sin la capacidad de manejar disputas de manera saludable y bíblica, una iglesia puede sufrir divisiones y tensiones innecesarias. La capacitación práctica permite al líder abordar estos desafíos con confianza y habilidad, manteniendo la unidad y la salud de la iglesia.

El peligro de la complacencia. Uno de los mayores enemigos del crecimiento espiritual y ministerial es la complacencia. Un líder que cree que ya ha aprendido todo lo que necesita saber, o que ya ha alcanzado un nivel adecuado de experiencia, está en peligro de estancarse. La complacencia no solo limita el crecimiento personal del líder, sino que también puede estancar a toda la congregación. La actitud de que "ya lo sé todo" impide que el Espíritu Santo siga trabajando en la vida del líder, llevándolo a nuevas revelaciones y niveles de madurez.

Un líder complaciente es un líder que deja de crecer, y cuando el líder deja de crecer, también lo hace su ministerio. La actitud de aprendizaje continuo es esencial para evitar este estancamiento.

Capacitación para un liderazgo relevante. La capacitación integral es fundamental para el éxito y relevancia de cualquier líder cristiano. No se trata solo de obtener un título o asistir a conferencias, sino de adoptar una actitud de aprendizaje continuo que abarque todas las áreas de la vida: lo espiritual, lo intelectual, lo cultural y lo práctico. En un mundo en constante cambio, los líderes cristianos deben estar preparados para enfrentar los desafíos con sabiduría, discernimiento y relevancia. Dios llama a los líderes a estar preparados en todas las áreas de la vida para que puedan servir de manera efectiva y glorificar Su nombre en todo lo que hacen. El liderazgo complaciente, la falta de capacitación o el aislamiento del contexto social no son opciones para aquellos que buscan cumplir el propósito de Dios en sus vidas y ministerios.

Es mi deso que cada líder abrace la capacitación como un proceso continuo, reconociendo que siempre hay algo nuevo que aprender y que Dios siempre tiene más para revelar.

CAPÍTULO 12
LÍDERES CON AUTORIDAD

El liderazgo cristiano genuino no solo se fundamenta en la enseñanza y la predicación, sino en una vida transformada que respalde esas enseñanzas con hechos. Este capítulo explora la autoridad que proviene del ejemplo personal, mostrando cómo un líder cristiano debe vivir de manera coherente con los principios del Reino de Dios para ejercer una autoridad real y significativa.

La autoridad en el liderazgo cristiano: más que palabras. A lo largo del ministerio de Jesús, su autoridad fue reconocida no solo por lo que enseñaba, sino por la forma en que lo vivía. Mateo 7:29 nos dice que "enseñaba como quien tiene autoridad, y no como los escribas". Su autoridad no residía únicamente en su conocimiento de las Escrituras, sino en su vida alineada con la voluntad de Dios. Jesús vivía lo que enseñaba, y por eso su mensaje tenía un impacto profundo y transformador. La verdadera autoridad en el liderazgo cristiano no se mide por cuán bien un líder puede hablar o enseñar, sino por cuán profundamente su vida refleja el mensaje que predica. El ejemplo es el núcleo del liderazgo con autoridad. El apóstol Pablo lo comprendió bien, por eso pudo decir a la iglesia en Corinto: "Sed imitadores de mí, así como yo de Cristo" (1 Corintios 11:1). Pablo no estaba pidiendo que lo siguieran por su conocimiento o su título, sino porque su vida reflejaba a Cristo.

La integridad en el liderazgo. Una historia que ilustra la importancia de la integridad en el liderazgo es la del Mahatma Gandhi. Se cuenta que una madre llevó a su hijo a Gandhi, preocupada por sus hábitos de comer dulces. Gandhi le pidió que regresara en tres meses. Cuando volvió, Gandhi le dijo al niño que dejara de comer dulces, y el niño obedeció. La madre, confundida, le preguntó por qué había esperado tres meses para dar ese consejo. Gandhi respondió: "Hace tres meses, yo también comía dulces; no podía decirle a su hijo que dejara de comerlos hasta que yo mismo lo hubiera hecho primero". Esta historia muestra que no podemos enseñar a los líderes cristiano que no vivimos. La verdadera autoridad proviene de una vida que practica lo que predica. Gandhi entendía que su consejo no tendría peso si no ajustaba primero su propio comportamiento. De la misma manera, los líderes cristianos no pueden hablar de obediencia, humildad o santidad si no están caminando en esos principios ellos mismos. La autoridad nace de la congruencia entre el mensaje y la vida.

El ejemplo como única forma de enseñanza. El ejemplo no es solo una forma de enseñar; es la única forma efectiva. En un mundo donde la información es accesible para todos, lo que diferencia a un verdadero maestro cristiano de alguien que solo imparte conocimiento es la autoridad que proviene de vivir el mensaje. La enseñanza que transforma no se basa únicamente en palabras, sino en la vida transformada del líder. Muchos líderes tienen un conocimiento teológico profundo y la capacidad de enseñar, pero si no hay un testimonio de vida que respalde ese conocimiento, su enseñanza tenderá a carecer de poder transformador. Jesús vivía cada palabra que predicaba, y es por eso que su autoridad era incuestionable. En el liderazgo cristiano, la integridad es fundamental. No podemos hablar de amor sin demostrar amor, ni enseñar sobre la fe sin caminar en fe. La autoridad viene de vivir lo que predicamos.

La autoridad en el servicio. Uno de los aspectos más radicales del liderazgo de Jesús fue su enfoque en el servicio. Mientras que en el mundo se asocia la autoridad con el control y el poder, Jesús redefinió la autoridad en términos de entrega y servicio a los demás. Dijo claramente: "El que quiera hacerse grande entre vosotros será vuestro servidor" (Mateo 20:26). Cuando un líder cristiano sirve a su congregación con humildad y amor, su autoridad se fortalece. Este tipo de liderazgo no busca ser exaltado o admirado, sino que se centra en las necesidades de los demás. Jesús lavó los pies de sus discípulos para mostrarles que la verdadera autoridad radica en el servicio humilde, no en el poder. Este acto nos recuerda que, en el Reino de Dios, la autoridad viene del servicio, no del dominio.

Coherencia como base de la autoridad. Uno de los mayores desafíos que enfrentan los líderes cristianos es la incoherencia. A menudo, los líderes pueden predicar un mensaje poderoso, pero si su vida privada no refleja ese mensaje, su autoridad se debilita. Como mencioné, la integridad es el fundamento de la autoridad en el liderazgo cristiano. Sin ella, el ministerio se convierte en un espectáculo vacío, donde las palabras suenan bien, pero carecen de poder para cambiar vidas. Por eso, la coherencia entre lo que un líder predica y lo que vive es lo que genera respeto y confianza en aquellos que lo siguen. Cuando una congregación ve que su pastor no solo predica sobre la oración, sino que es una persona de oración; que no solo habla de generosidad, sino que es generoso; que no solo enseña sobre el perdón, sino que perdona rápidamente, su autoridad crece de manera natural. La coherencia entre palabra y acción es lo que da peso a las palabras de un líder.

El conocimiento sin práctica: un peligro para el liderazgo. En el liderazgo cristiano, es fácil caer en la trampa de acumular conocimiento sin aplicarlo. Muchos líderes pueden citar versículos, predicar sermones convincentes y tener un vasto conocimiento teológico, pero si ese conocimiento no se traduce en una vida transformada, carece de autoridad. Como nos advierte Santiago 1:22: "Sed hacedores de la palabra, y no tan solamente oidores, engañándoos a vosotros mismos".

El conocimiento por sí solo no cambia vidas. Es la práctica de ese conocimiento lo que transforma tanto al líder como a aquellos que lo escuchan. Un líder cristiano que no vive lo que predica está en peligro de caer en la hipocresía, lo cual socavará su autoridad y credibilidad. Enseñar desde la experiencia personal de la transformación es mucho más efectivo que predicar desde la teoría.

La vulnerabilidad: clave en el liderazgo con autoridad. Ser un líder con autoridad no significa ser perfecto, sino ser honesto. La vulnerabilidad no es una debilidad, sino una parte esencial del liderazgo auténtico. Un líder que admite sus errores, comparte sus luchas y pide perdón cuando es necesario, no pierde autoridad, sino que la gana. En este sentido, la vulnerabilidad crea confianza. Cuando un líder es vulnerable, invita a otros a serlo también. Esto crea una cultura de transparencia y crecimiento dentro de la congregación. Un líder que se presenta como invulnerable y perfecto establece un estándar irreal que nadie puede alcanzar, pero un líder que es honesto sobre sus debilidades permite que la gracia de Dios se muestre a través de él.

En el liderazgo cristiano, la verdadera autoridad no se basa en títulos, conocimientos o carisma, sino en el ejemplo de vida. Un líder que vive lo que predica tiene una autoridad que trasciende las palabras y toca los corazones. El liderazgo con autoridad nace de la integridad, de la capacidad de vivir de acuerdo con los principios del Reino de Dios, y de ser un siervo de los demás. El ejemplo no es solo una forma de enseñar; es la única forma de enseñar con verdadera autoridad. Jesús nos mostró que el poder del liderazgo radica en la coherencia entre palabra y acción, en el servicio humilde y en la vulnerabilidad. Como líderes cristianos, estamos llamados a ser personas cuya vida respalde cada palabra que predicamos, y cuya autoridad provenga no de lo que sabemos, sino de cómo vivimos lo que creemos. Un liderazgo con autoridad es aquel que refleja a Cristo no solo en palabras, sino en hechos.

CAPÍTULO 13
MENTORES

El liderazgo cristiano, en su esencia más pura, no consiste únicamente en predicar o guiar, sino en mentorear y formar a otros para que ellos también puedan seguir el camino de Cristo. En este capítulo, profundizaremos en el concepto de mentores como figuras clave en la vida espiritual que modelan los valores del Reino y dejan un legado duradero en las vidas de quienes los rodean. Ser un mentor no es solo un rol que adquirimos con el tiempo o por nuestra posición, sino una responsabilidad fundamental de todo líder cristiano comprometido con el discipulado y la transmisión de la fe a las futuras generaciones.

El rol del mentor en el liderazgo cristiano. La idea de ser un mentor está profundamente enraizada en la Biblia, aunque el término en sí pueda parecer moderno. A lo largo de las Escrituras, encontramos múltiples ejemplos de mentoría espiritual en acción. Moisés mentoreó a Josué, Elías a Eliseo, y, en el Nuevo Testamento, Pablo fue mentor de Timoteo y Tito. Jesús, por supuesto, fue el mentor perfecto de sus discípulos, no solo enseñándoles con palabras, sino mostrándoles cómo vivir y actuar de acuerdo con el Reino de Dios. El papel del mentor, en su núcleo, es guiar a otros no solo con palabras, sino con la vida misma. Un mentor no es alguien que simplemente enseña teoría; es alguien que invita a otros a observar su vida y aprender a través de su ejemplo. Ya mencionamos la expresión del apóstol Pablo: "Sed imitadores de mí, así como yo de Cristo" (1 Corintios 11:1). Esta declaración puede parecer audaz, pero Pablo no estaba siendo arrogante. Más bien, estaba reconociendo que, como líder, su responsabilidad no era solo enseñar doctrina, sino modelar una vida entregada a Cristo para que otros pudieran imitar su ejemplo. Este es el núcleo de un mentor eficaz: ser un ejemplo viviente de lo que significa seguir a Cristo.

La importancia de dejar un legado. Uno de los aspectos más importantes del mentoreo es la capacidad de dejar un legado espiritual. Los líderes cristianos que entienden su papel como mentores no solo están preocupados por su ministerio presente, sino también por el impacto que dejarán para la próxima generación. Este legado no se mide en títulos, logros personales o reconocimiento público, sino en vidas transformadas que continúan avanzando en el Reino de Dios gracias a la influencia que recibieron de sus mentores. Un buen mentor se preocupa profundamente por el desarrollo espiritual de aquellos a quienes guía. No se trata solo de impartir conocimiento bíblico, sino de ayudar a los discípulos a crecer en su relación con Dios, a enfrentar los desafíos de la vida cristiana y a desarrollar el carácter de Cristo en sus vidas. Este tipo de mentoreo crea una cadena de discipulado que se extiende a lo largo del tiempo, donde cada generación capacita a la siguiente para llevar adelante el mensaje del Evangelio. La influencia de un mentor puede no ser inmediatamente visible, pero las semillas que planta en la vida de sus discípulos pueden crecer y dar fruto durante generaciones.

En este sentido, un líder cristiano que se toma en serio el rol de mentor no está preocupado por la fama o la notoriedad. Muchos de los mentores más influyentes en la historia de la iglesia han sido figuras relativamente desconocidas, pero su legado sigue vivo a través de aquellos a quienes influenciaron. Es posible que no veamos inmediatamente el impacto de nuestro mentoreo, pero con el tiempo, la semilla que plantamos en la vida de otros crecerá y dará fruto.

El equilibrio entre enseñanza y ejemplo. La enseñanza es una parte esencial del mentoreo, pero el ejemplo es aún más crucial. Como dijo Albert Schweitzer: "El ejemplo no es la principal manera de influir sobre los demás; es la única". En el liderazgo cristiano, este principio es vital. No podemos esperar que aquellos a quienes mentoreamos vivan de una manera que nosotros mismos no estamos dispuestos a vivir. La vida del mentor es un modelo constante para sus discípulos. Las personas que nos siguen no solo escuchan lo que decimos; observan cómo vivimos, cómo reaccionamos ante las dificultades, cómo manejamos el conflicto, cómo amamos y cómo servimos. Un mentor que habla sobre la importancia del perdón pero guarda rencor en su corazón, o que enseña sobre la humildad pero vive buscando reconocimiento, pierde autoridad ante sus discípulos. Por eso, es fundamental que el mentor cristiano cultive una vida de integridad. Esto no significa que tengamos que ser perfectos, pero sí que debemos ser transparentes y auténticos en nuestra vida espiritual.

De hecho, uno de los aspectos más valiosos del mentoreo es cuando el mentor comparte no solo sus éxitos, sino también sus fracasos y luchas. Esta vulnerabilidad permite a los discípulos ver que el crecimiento espiritual es un proceso continuo y que incluso los líderes están en una jornada de aprendizaje y crecimiento. La transparencia en nuestras debilidades y el reconocimiento de que seguimos aprendiendo es un testimonio poderoso que fortalece la relación mentor-discípulo.

La responsabilidad del mentor. Ser mentor implica una gran responsabilidad. Los líderes que asumen este rol no solo están transmitiendo información; están moldeando vidas. Por eso, es crucial que los mentores sean conscientes de su influencia y de cómo pueden impactar a aquellos que los siguen. Jesús advirtió sobre los líderes religiosos de su tiempo, quienes enseñaban sin vivir lo que predicaban (Mateo 23:3). Esta es una advertencia que los mentores cristianos deben tener en cuenta: no podemos enseñar algo que no estamos dispuestos a vivir.

La responsabilidad del mentor también implica ser intencional en el proceso de discipulado. No se trata solo de dar buenos consejos o enseñar en una clase bíblica. Ser mentor requiere inversión de tiempo, dedicación y un compromiso genuino con el crecimiento espiritual de la otra persona. Es caminar junto a ellos en su jornada de fe, estar disponible para escuchar, aconsejar y orar por ellos. Es estar dispuesto a corregir con amor cuando sea necesario y celebrar sus victorias espirituales. Además, el mentor debe tener una visión a largo plazo. No siempre veremos el fruto de nuestro mentoreo de inmediato. A veces, puede llevar años antes de que veamos el impacto total que hemos tenido en la vida de nuestros mentoreados. Pero como dijo el apóstol Pablo en 1 Corintios 3:6: "Yo planté, Apolos regó; pero el crecimiento lo ha dado Dios". El papel del mentor es sembrar las semillas, regarlas con amor y oración, y confiar en que Dios hará crecer esa semilla en Su tiempo.

El legado de un mentor invisible. Una de las bendiciones del mentoreo es que muchas veces el impacto del mentor es invisible a los ojos del mundo, pero poderoso en el Reino de Dios. La historia de la iglesia está llena de ejemplos de mentores que nunca buscaron la fama ni el reconocimiento, pero cuya influencia sigue viva en aquellos a quienes guiaron. El pastor anónimo que discipuló a un joven Billy Graham, o el profesor de escuela dominical que influenció a un joven D. L. Moody, son ejemplos de cómo el mentoreo puede cambiar el curso de la historia sin que el mundo lo note. Como líderes cristianos, debemos recordar que nuestro éxito no se mide en títulos o posiciones, sino en la vida espiritual que hemos ayudado a formar en otros. El verdadero impacto de un mentor no se ve inmediatamente, pero perdura en las generaciones que siguen. El fruto de un mentor fiel puede impactar vidas de maneras que nunca imaginamos, ya que la influencia espiritual trasciende el tiempo y las circunstancias.

Ser un mentor cristiano es una de las responsabilidades más importantes y gratificantes que un líder puede asumir. Ya que a través del mentoreo, tenemos la oportunidad de dejar un legado que trasciende nuestra propia vida y ministerio, impactando a las generaciones futuras. Recordemos que un mentor no es alguien que simplemente enseña; es alguien que invierte su vida en otros, modelando la vida de Cristo y guiando a otros en su caminar con Dios. No se trata solo de lo que podemos impartir a nuestros discípulos, sino de lo que Dios quiere hacer a través de nuestras vidas para transformar las suyas. Es mi deseo que cada líder cristiano abrace este llamado con seriedad, sabiendo que el fruto de su mentoreo tendrá un impacto eterno en el Reino de Dios.

PILAR 4
PASIÓN

El liderazgo cristiano no se basa solo en habilidades o estrategias, sino en un amor profundo y ferviente por Dios. Ese primer amor que experimentamos al conocer a Cristo tiene el poder de transformar nuestra visión, relaciones y enfoque en el ministerio. Sin embargo, con el paso del tiempo y el aumento de responsabilidades, esa llama puede empezar a apagarse sin que nos demos cuenta. ¿Te has detenido a reflexionar sobre el impacto que tiene perder ese primer amor, tanto en tu vida personal como en tu ministerio?

Al comenzar tu camino como líder, probablemente sentiste una pasión intensa que te impulsaba a darlo todo. Ese fuego te motivaba a no escatimar esfuerzos en el servicio. Sin embargo, con el tiempo, la rutina puede erosionar esa pasión. El ministerio sigue adelante, las tareas se cumplen, pero algo esencial cambia: la chispa que daba vida y energía comienza a desvanecerse. ¿Qué sucede cuando un líder continúa sin ese fuego interior? Aunque las acciones se cumplan, el liderazgo se vuelve monótono y mecánico, perdiendo su impacto espiritual. Sin ese amor ardiente, el liderazgo deja de ser una fuente de gozo y se convierte en una carga. Jesús advirtió sobre este peligro en su mensaje a la iglesia de Éfeso en Apocalipsis: a pesar de su diligencia, habían dejado su primer amor. Esta advertencia sigue siendo relevante hoy, especialmente para los líderes. Sin ese amor primordial por Dios, nuestras acciones se convierten en rituales vacíos, y el ministerio pierde su vitalidad. ¿Te has preguntado cómo sería tu vida y ministerio si ese fuego volviera a encenderse en su totalidad? Aunque las responsabilidades diarias puedan haber apagado ese ardor, no es demasiado tarde para reavivarlo. ¿Qué sucedería si permitieras que el Espíritu Santo reavivara esa llama en ti?

Vivir con pasión por Dios no se trata de aprender nuevas técnicas, sino de regresar al lugar donde todo comenzó: al amor que lo impregnaba todo y llenaba cada rincón de tu ser. ¿Qué impacto tendría en tu liderazgo si todo lo que haces naciera de un amor renovado por Dios? Quizás has estado cumpliendo con tus responsabilidades, pero sientes que algo falta. Ese agotamiento espiritual podría ser la señal de que es momento de regresar al primer amor. No podemos liderar desde un vacío espiritual; el verdadero impacto de nuestro liderazgo proviene de un corazón lleno de amor por Dios. Un líder que ha reavivado su pasión por el Señor casi necesita predicar sobre la importancia del primer amor, pues su vida misma se convierte en un testimonio viviente que enciende la llama en otros. Ese tipo de liderazgo tiene el poder de transformar tanto tu vida como la de aquellos a quienes guías. La pregunta no es si alguna vez tuviste esa pasión, sino si estás dispuesto a reavivarla. ¿Estás listo para permitir que Dios encienda nuevamente el fuego de Su amor en tu corazón? La transformación que anhelas comienza con una decisión: regresar al primer amor, esa relación vibrante y apasionada con el Dios que te llamó. No se trata de una emoción pasajera, sino de una entrega diaria y total que renueva cada aspecto de tu vida y liderazgo. ¿Estás dispuesto a permitir que ese amor arda nuevamente en ti? La transformación que te espera puede ser mucho más grande de lo que imaginas.

CAPÍTULO 14
PASIÓN POR EL PRIMER AMOR A DIOS

El liderazgo cristiano encuentra su esencia no solo en el cumplimiento de responsabilidades ministeriales, sino en el fuego interior que arde por Dios. Este fuego, o pasión, es lo que mantiene a un líder conectado con su propósito, siempre dirigido hacia el primer amor que todo creyente experimenta al conocer a Cristo. Sin este motor interno, el ministerio puede transformarse en una rutina carente de vida y dirección espiritual. Enfocaré este capítulo en la necesidad de mantener viva esa pasión por Dios, que es la fuente de todo liderazgo auténtico y transformador.

El primer amor: la fuente del liderazgo cristiano. El concepto del primer amor es un punto de partida esencial en la vida de todo creyente y, más aún, en la de un líder cristiano. Este primer amor no es solo un sentimiento efímero, sino una experiencia profunda de conexión con Dios, cuando el creyente comprende, por primera vez, la magnitud del sacrificio de Cristo y el llamado a seguirle. Es el amor que impulsa a un líder a rendirse totalmente a los propósitos de Dios y a buscar Su voluntad en todas las áreas del ministerio. En Apocalipsis 2:4-5, Jesús le dice a la iglesia de Éfeso: "Pero tengo contra ti, que has dejado tu primer amor. Recuerda, por tanto, de dónde has caído, y arrepiéntete". Aunque la iglesia de Éfeso era activa en el servicio y el trabajo ministerial, habían perdido lo más importante: su devoción apasionada por Dios. El amor a Dios es el motor que da sentido a todas las acciones del ministerio, y sin él, los esfuerzos se vuelven mecánicos y carentes de vida. Esta advertencia es una llamada de atención para todo líder cristiano: el ministerio debe fluir siempre desde un corazón lleno de amor por Dios.

Cuando un líder pierde ese primer amor, puede continuar con las actividades del ministerio, pero su enfoque cambia. Las tareas se vuelven rutinarias, y la pasión se desvanece. Esto no solo afecta la calidad del liderazgo, sino que también disminuye la eficacia espiritual del ministerio. El verdadero liderazgo cristiano no se sostiene únicamente en el deber, sino en una relación vibrante con el Dios vivo.

Amar a Dios con todo el ser: el mandamiento fundamental. El amor a Dios no es solo una sugerencia, sino el mandamiento más grande. En Deuteronomio 6:5, se nos dice: "Amarás al Señor tu Dios con todo tu corazón, con toda tu alma, con todas tus fuerzas". Jesús lo reafirma en el Nuevo Testamento, describiendo este mandamiento como el mayor de todos (Marcos 12:30). Este llamado a amar a Dios con todo lo que somos no es algo que debamos tomar a la ligera, sino que debe ser la fundación de nuestras vidas y, en especial, de nuestro liderazgo.

Para un líder cristiano, el amor por Dios es la fuerza detrás de cada acción, motivando el servicio no por reconocimiento, sino por la gloria de Dios. Esta pasión sostiene al líder en tiempos difíciles del ministerio.

Pasión en acción: la motivación correcta. El amor apasionado por Dios no solo se siente, sino que se refleja en nuestras acciones.

Cuando un líder cristiano sirve a Dios con pasión, cada tarea del ministerio, desde la más grande hasta la más pequeña, se transforma en un acto de adoración. La pasión es lo que lleva al líder a realizar su ministerio con excelencia, sabiendo que no sirve a los hombres, sino a Dios. —La excelencia no es simplemente hacer las cosas bien, sino hacerlas con un corazón entregado a Dios—. Este tipo de pasión hace que el servicio a Dios no sea una carga. Cuando un líder ama a Dios profundamente, incluso las tareas más agotadoras se ven como una oportunidad para glorificar a Dios. El profesionalismo sin pasión, por otro lado, puede ser eficiente en términos de organización, pero le falta el poder transformador del Espíritu. Cuando un líder hace las cosas solo porque son su deber, y no porque ama a Dios, su ministerio se vuelve frío y vacío.

El peligro del profesionalismo sin pasión es que convierte el ministerio en un trabajo más, y no en una respuesta al llamado divino. El líder profesional sigue las reglas y cumple con sus responsabilidades, pero lo hace sin la energía espiritual que proviene de una relación viva con Dios. La religiosidad sin pasión es un obstáculo para el crecimiento del Reino de Dios, porque no inspira a otros a buscar una relación profunda con el Señor.

Pasión como testimonio vivo. Un líder que sirve a Dios con pasión casi no necesita predicar sobre la importancia del amor a Dios, porque su vida ya lo refleja. El testimonio de vida de un líder apasionado habla más fuerte que sus palabras. Las personas pueden ver su devoción en cómo maneja los problemas, cómo trata a los demás, y cómo se entrega completamente a su ministerio. La pasión por Dios es algo contagioso; cuando las personas ven a un líder lleno de amor por Dios, se sienten inspiradas a buscar esa misma relación. El liderazgo apasionado tiene la capacidad de transformar vidas. Cuando una congregación ve a su líder sirviendo con entusiasmo y dedicación, eso genera un ambiente de adoración y compromiso que afecta a todos. La pasión por Dios crea un espacio donde el Espíritu Santo puede moverse libremente, trayendo transformación y renovación espiritual.

Cultivando la pasión por Dios. La pasión por Dios no es algo que surge automáticamente; debe scr alimentada y cultivada. Como cualquier relación, requiere tiempo, esfuerzo y dedicación. El líder cristiano debe nutrir su relación con Dios a través de la oración constante, el estudio profundo de las Escrituras y la adoración personal. Estos son los medios —aunque parecen básicos— por los cuales Dios aviva la llama de la pasión en nuestros corazones. Es fácil para un líder quedar atrapado en las demandas del ministerio y olvidar la importancia de cuidar su vida espiritual. Sin embargo, cuando descuidamos nuestra relación con Dios, también descuidamos la fuente de nuestra pasión. Además, rodearse de otras personas apasionadas por Dios también nos anima y nos desafía a seguir creciendo en nuestra relación con Él.

Un liderazgo transformado por la pasión. La pasión por Dios es el corazón que late en todo liderazgo cristiano efectivo. Sin ella, el ministerio se convierte en una simple rutina, una serie de tareas vacías. Pero con la pasión encendida, cada tarea del ministerio cobra vida y significado. El primer amor a Dios es lo que transforma el liderazgo, lo que inspira a otros, y lo que permite que el ministerio tenga un impacto eterno.

Cada líder cristiano debería preguntarse si realmente está sirviendo a Dios con todo su ser. Si no es así, es hora de reavivar el primer amor por el Señor y dejar que su pasión renucve nuestro liderazgo.

CAPÍTULO 15
PASIÓN POR LA GENTE

El liderazgo cristiano se trata de amar profundamente a Dios y a las personas, de llevar el corazón de Cristo en cada acto de servicio y de cultivar una pasión genuina por las almas, tanto por las que ya conocen al Señor como por aquellas que aún están lejos de Él. En este capítulo exploré la importancia de mantener una pasión ardiente por las almas, reconociendo que este amor profundo es el motor que impulsa el ministerio cristiano.

El "pasionómetro" espiritual: Midiendo nuestro amor por las almas. Todo líder cristiano debe examinar regularmente su "pasionómetro" espiritual: ese sentido interno que mide cuán profundo es nuestro amor por las almas. A medida que pasa el tiempo, es fácil para los líderes caer en la rutina, dejar que el ministerio se vuelva una serie de tareas automáticas y perder de vista el verdadero objetivo: las personas. Las exigencias diarias, los desafíos y la administración pueden distraernos del llamado central de amar y servir con pasión. Jesús es el ejemplo supremo de una pasión auténtica por las personas. En cada enseñanza, en cada milagro, Él mostraba un amor profundo y genuino por quienes lo rodeaban. Su ministerio no era un simple acto religioso, sino una vida entregada por completo a las almas. Cuando los líderes pierden este enfoque, el ministerio se convierte en una carga, en lugar de ser una oportunidad gozosa para reflejar el amor de Dios.

¿Cómo está tu "pasionómetro" por las almas? ¿Estás sirviendo con el mismo amor y devoción que tenías al principio? ¿Sientes todavía la urgencia de alcanzar a los perdidos y ministrar a los quebrantados? Estas son preguntas esenciales que todo líder debe hacerse.

Más que empatía: el verdadero amor cristiano por las personas. En el liderazgo moderno, la palabra "empatía" ha tomado un lugar destacado. Sin embargo, el amor cristiano va mucho más allá de la empatía. La empatía puede limitarse a comprender el dolor del otro, pero el amor que Dios nos llama a tener es transformador. No solo nos invita a entender el sufrimiento de los demás, sino a actuar con sacrificio y compromiso, buscando siempre el bien de la otra persona. La vida de grandes líderes cristianos como Carlos Anacondia refleja este amor genuino. Lo que impactaba a quienes lo rodeaban no eran solo los milagros y las señales, sino el amor profundo que mostraba por las personas. Este tipo de amor no puede fingirse ni fabricarse. Es un amor que surge de una comprensión profunda del amor que Dios nos ha mostrado primero. El verdadero amor cristiano no es una emoción pasajera; es un compromiso permanente con el bienestar espiritual, emocional y físico de las personas.

El amor cristiano es activo. No se contenta con la observación pasiva, sino que busca la transformación de las vidas. Este amor no se limita solo a los miembros de la iglesia, sino que se extiende a todos, especialmente a los que aún no han conocido a Cristo. Debemos preguntarnos: ¿Estoy amando con este tipo de amor? ¿Mi vida refleja el amor de Cristo hacia los demás?

La urgencia de amar en tiempos de crisis. En medio del este sufrimiento, la iglesia tiene una oportunidad única de ser luz y esperanza, pero solo si los líderes reavivan su pasión por las almas. Las personas necesitan ver en nosotros a alguien que no solo entiende su dolor, sino que está dispuesto a caminar con ellas, a guiarlas hacia la esperanza que solo Cristo puede ofrecer.

Las crisis globales, como la pandemia que enfrentamos recientientemente, mostró una humanidad rota. Muchos están sin esperanza, sin dirección, buscando respuestas en medio del caos. Como líderes cristianos, debemos estar dispuestos a actuar con compasión y mostrarles que en Cristo pueden encontrar paz y restauración. Pero no podemos hacer esto si hemos perdido nuestra pasión. El mundo no necesita más palabras vacías o acciones mecánicas; necesita líderes que vivan el amor de Cristo con autenticidad y poder transformador.

Las personas como el centro del ministerio. Jesús no vino a establecer una religión o una institución; vino a buscar y salvar lo que se había perdido (Lucas 19:10). Su enfoque siempre estuvo en las personas, en sus corazones, en su salvación. Como líderes cristianos, debemos recordar que las almas son el verdadero objetivo de la cruz. Todo lo que hacemos debe tener en su centro este propósito: alcanzar, restaurar y transformar vidas a través del poder del evangelio.

Es fácil que los líderes caigan en la tentación de centrarse en las estructuras, los programas y los eventos. Sin embargo, la iglesia no es un edificio ni una serie de actividades. La iglesia es el cuerpo de Cristo, y como tal, nuestra misión principal es pastorear, amar y discipular a las personas. Volvamos a poner a las personas en el centro de nuestro ministerio, no como un número o una estadística, sino como seres preciosos a los ojos de Dios, necesitados de Su amor y salvación.

El amor sacrificial de la cruz: nuestro ejemplo. La cruz de Cristo es el ejemplo supremo de amor sacrificial. Jesús dio Su vida por nosotros, no porque lo mereciéramos, sino porque nos amó profundamente. Este es el amor al que estamos llamados como líderes cristianos. Un amor que no se mide por lo que podemos obtener a cambio, sino por lo que estamos dispuestos a dar. Pablo, uno de los líderes más apasionados por las almas, escribió: "Me he hecho todo para todos, para que de todos modos salve a algunos" (1 Corintios 9:22). Este es el tipo de amor que necesitamos. Un amor inquebrantable que nos lleva a hacer lo que sea necesario para alcanzar a las personas con el evangelio. Este tipo de pasión nos mueve más allá de la comodidad, nos empuja a sacrificar tiempo, recursos y energía por el bien de los demás.

El desafío de amar con pasión. El llamado es claro: ser líderes apasionados por las almas. No podemos permitir que el ministerio se convierta en una rutina vacía. Cada día es una oportunidad para ser las manos y los pies de Cristo en un mundo desesperado por amor y esperanza. Las personas que nos rodean necesitan ver en nosotros un amor sincero. No solo predicamos el evangelio; lo vivimos en cada interacción, en cada acto de servicio, en cada palabra de aliento. Esta pasión no es algo opcional; es el núcleo del liderazgo cristiano.

La pasión por las almas es el corazón del liderazgo cristiano auténtico. Sin este amor, el ministerio se convierte en un conjunto de tareas sin vida. Pero cuando servimos con amor genuino, el ministerio cobra vida, las personas son transformadas y el Reino de Dios avanza. Es tiempo de que cada líder cristiano se haga esta pregunta: ¿Sigo amando a las personas como Cristo me amó a mí? Si hemos perdido esa pasión, es momento de volver a encenderla, de volver a la cruz, donde todo comenzó, y de recordar que las almas son el verdadero objetivo de nuestro llamado. Vivamos y sirvamos cada día con una pasión renovada, sabiendo que nuestro amor por las personas es lo que marcará la diferencia en sus vidas y en la eternidad.

CAPÍTULO 16
PASIÓN POR LA TAREA

El liderazgo cristiano no se trata simplemente de cumplir con una serie de responsabilidades o tareas dentro del ministerio, la pasión es un ingrediente esencial que debe impregnar cada aspecto de la vida de un líder. Es la pasión lo que convierte las tareas ordinarias en actos extraordinarios de servicio a Dios. En este capítulo, profundizaré en la importancia de cultivar una pasión genuina por la tarea que Dios nos ha encomendado. Esta pasión no solo tiene un impacto en nuestro propio desempeño, sino que también afecta a las personas a quienes servimos y deja un legado duradero en el Reino de Dios.

La diferencia entre cumplir con la tarea y hacerla con pasión. Uno de los mayores desafíos que enfrentan muchos líderes en el ministerio es caer en la rutina de simplemente cumplir con las tareas. Aunque es importante ser responsables y diligentes, no podemos ignorar que hay una diferencia sustancial entre cumplir con la tarea y hacerla con pasión. Cuando servimos a Dios sin pasión, nuestras acciones pueden ser correctas desde un punto de vista técnico, pero carecen del poder transformador que proviene de un corazón lleno de amor y devoción. Sin pasión, nuestro servicio se convierte en una simple rutina, en una serie de tareas que hacemos por obligación, y esto afecta no solo nuestra actitud, sino también el impacto que tenemos en los demás. Un ministerio sin pasión es como un cuerpo sin alma: sigue funcionando, pero no tiene vida.

La lección de los platos: un ejemplo de la falta de pasión. Una experiencia personal en los primeros años de mi matrimonio me enseñó mucho sobre lo que significa hacer las cosas sin pasión. Un día, mi esposa no se sentía bien y me pidió que lavara los platos. Fui a la cocina y lo hice, pero solo lavé los platos, dejando los cubiertos, los vasos y otros utensilios sin tocar. Cuando mi esposa vio lo que había hecho, no estaba contenta y me dijo: "Te pedí que lavaras los platos, pero eso incluye todo lo demás". En ese momento, me di cuenta de algo muy importante: no había realizado la tarea con pasión ni con dedicación completa. Lo había hecho de manera mecánica, sin pensar en el resultado o en lo que realmente se necesitaba. Este ejemplo, aunque trivial, refleja lo que sucede cuando realizamos nuestras responsabilidades ministeriales sin pasión. El trabajo se vuelve incompleto, insatisfactorio y superficial, tanto para nosotros como para aquellos a quienes servimos.

Servir con pasión en el ministerio. El mismo principio se aplica al servicio en el ministerio. A menudo, es fácil caer en la trampa de cumplir con nuestras responsabilidades ministeriales simplemente porque es lo que se espera de nosotros, sin poner corazón ni pasión en lo que hacemos. Sin embargo, Colosenses 3:23 nos recuerda: "Y todo lo que hagáis, hacedlo de corazón, como para el Señor y no para los hombres". Cualquier cosa que hagamos, ya sea grande o pequeña, debe realizarse con todo nuestro corazón, como si estuviéramos sirviendo directamente a Dios. El ministerio no es solo una lista de tareas que debemos marcar. Es un llamado divino a servir con un amor y una pasión que reflejan nuestra relación con Dios. Cuando realizamos nuestras tareas con pasión, nuestra perspectiva cambia: lo que antes parecía una obligación ahora se convierte en una oportunidad para glorificar a Dios y bendecir a los demás.

La falta de pasión y sus consecuencias. Uno de los aspectos más tristes del ministerio es ver a personas que, aunque son fervorosas en su fe, han perdido la pasión cuando se trata de servir. Es doloroso observar a creyentes que el domingo levantan sus manos en adoración, pero cuando llega el momento de servir al Señor, lo hacen con menos entusiasmo que cuando realizan su trabajo secular. ¿Cómo puede ser que estemos dispuestos a dar más en nuestras responsabilidades laborales que en nuestro servicio a Dios? La respuesta, en muchos casos, es que hemos perdido la pasión por lo que hacemos. Cuando el servicio a Dios se convierte en una obligación en lugar de un privilegio, el ministerio pierde su poder. *El fuego de la pasión es lo que transforma nuestras tareas en actos de adoración.* Cuando este fuego se apaga, todo se vuelve monótono y mecánico.

La pasión bíblica: ejemplos de servicio con fervor. La Biblia está llena de ejemplos de hombres y mujeres que sirvieron a Dios con una pasión inquebrantable. Uno de los ejemplos más poderosos es el del rey David. Su pasión por Dios lo impulsó a enfrentar a Goliat cuando nadie más estaba dispuesto a hacerlo. Pero lo que realmente lo distinguió fue su amor profundo por el Señor, que se manifestó en su deseo de defender el honor de Dios. La pasión de David no surgió de su confianza en sus habilidades, sino de su fervor por el nombre de Dios.

Otro ejemplo es el apóstol Pablo, la pasión lo llevó a hacer sacrificios increíbles, a soportar persecuciones y a recorrer grandes distancias con el único propósito de predicar el evangelio. Este tipo de pasión es el que Dios espera de nosotros en nuestro servicio.

La pasión transforma el ministerio. Cuando servimos con pasión, el ministerio cobra vida. La pasión nos impulsa a dar lo mejor de nosotros, no por obligación, sino por amor a Dios. Además, es contagiosa. Cuando los demás ven que realizamos nuestro trabajo con amor y dedicación, son inspirados a hacer lo mismo. La pasión no solo transforma nuestra vida, sino también la vida de aquellos a quienes lideramos. Un líder apasionado deja una huella profunda en la vida de los demás, porque su servicio no es superficial, sino que fluye de un corazón que ha sido tocado por Dios.

Un llamado a la pasión en cada tarea. Este capítulo es un llamado para que todos los líderes cristianos reaviven la pasión en cada tarea que realizan. Ya sea predicar un sermón, organizar un evento, o limpiar el templo, todo lo que hacemos debe estar impregnado de pasión. No trabajamos para los hombres, sino para Dios, y es por eso que debemos hacerlo con todo nuestro corazón. La pasión por la tarea es lo que nos distingue como siervos de Dios. Cuando servimos con pasión, no solo cumplimos con nuestras responsabilidades, sino que glorificamos a Dios y mostramos al mundo su amor y su poder. El liderazgo cristiano no es simplemente una cuestión de cumplir con una lista de tareas; es un llamado a servir con todo nuestro corazón, mente y alma.

La pasión es el ingrediente que transforma nuestro servicio en algo más que una simple obligación. Es momento de evaluar nuestro "pasionómetro" espiritual y preguntarnos: ¿Estoy sirviendo a Dios con pasión? Si la respuesta es no, es hora de reavivar ese fuego. Dios no solo quiere que cumplamos con nuestras tareas; Él quiere que lo hagamos con amor, con dedicación y con una pasión que proviene de un corazón completamente entregado a Él.

CAPÍTULO 17
PASIÓN COMO ESTILO DE VIDA

El liderazgo cristiano no se limita a la realización de responsabilidades ministeriales o al cumplimiento de tareas dentro de la iglesia. En su esencia más profunda, el liderazgo en Cristo debe ser guiado por una pasión ardiente que refleje el amor de Dios en cada aspecto de la vida del creyente. Esa pasión, lejos de ser algo reservado para los momentos públicos de adoración o el servicio en la iglesia, debe convertirse en un estilo de vida. El objetivo de este capítulo es invitarte a adoptar y cultivar una pasión constante por hacer todo para el Señor, un principio claramente enseñado en la Palabra de Dios.

Todo lo que hacemos es sagrado. La Palabra de Dios establece un estándar que no permite divisiones entre lo "sagrado" y lo "secular". Colosenses 3:17 nos enseña: "Y todo lo que hacéis, sea de palabra o de hecho, hacedlo todo en el nombre del Señor Jesús, dando gracias a Dios Padre por medio de Él". El texto resalta una verdad esencial para todo creyente: cada acción es una oportunidad de glorificar a Dios. No existe una separación entre las actividades de la vida diaria y las prácticas religiosas; todo está entrelazado en un solo propósito: glorificar a Dios. Una de las trampas más comunes en la vida cristiana es caer en la rutina de pensar que nuestras actividades religiosas, como la adoración en la iglesia o el tiempo de oración, son más valiosas que nuestras responsabilidades diarias, ya sea en el trabajo, en el hogar o en los estudios. Pero la verdad es que, según el Nuevo Testamento, todo lo que hacemos es sagrado si lo hacemos para el Señor. Cada tarea tiene un propósito espiritual cuando se realiza con una actitud de adoración.

Pasión en todas las áreas de la vida. Uno de los grandes desafíos del cristiano es llevar esa pasión por Dios que sentimos en el culto a todas las áreas de nuestra vida cotidiana. En la iglesia, rodeados de otros creyentes, es fácil sentirnos impulsados a adorar con fervor, a servir con entusiasmo y a mostrar un profundo amor por Dios. Pero ¿qué sucede cuando enfrentamos las demandas y las rutinas de la vida diaria? La pasión, en lugar de apagarse, debe ser una constante en cada tarea, por pequeña que sea. La vida de José es un gran ejemplo bíblico de alguien que vivió con pasión en cada aspecto de su vida. José es otro ejemplo de pasión en la vida cotidiana. Aunque fue vendido como esclavo y encarcelado injustamente, José sirvió con dedicación en cada lugar en el que Dios lo colocó, ya fuera en la casa de Potifar, en la cárcel o como administrador de Egipto. Estos ejemplos nos muestran que la pasión no depende de nuestra circunstancia o posición, sino de nuestra disposición a hacer todo para la gloria de Dios.

Como cristianos, estamos llamados a imitar ese tipo de pasión. En definitvia, cada tarea que realizamos debe hacerse con la misma pasión que mostramos en la iglesia. ¿Estás trabajando en un proyecto profesional? Hazlo con la mejor actitud, como si lo estuvieras haciendo directamente para Dios. *El trabajo secular no es menos sagrado que el trabajo ministerial cuando se hace con un corazón dedicado a Dios.*

La importancia de la pasión en el trabajo. El lugar de trabajo es uno de los escenarios más significativos donde podemos demostrar nuestra fe y pasión por Dios. Un creyente apasionado en su trabajo no solo impresionará a sus empleadores, sino que, más importante aún, glorificará a Dios a través de su dedicación y ética laboral. Cuando servimos con pasión, otros lo notan, y nuestra actitud puede ser un testimonio poderoso de nuestra fe. En un mundo lleno de personas que trabajan por obligación o simplemente por el salario, la pasión marca la diferencia. Los empleadores, compañeros de trabajo y clientes ven la diferencia cuando alguien trabaja con entusiasmo, con un deseo genuino de hacer bien su trabajo, no solo para recibir un salario, sino para glorificar a Dios. Al vivir con esta pasión en nuestro trabajo, nuestro testimonio brilla, y otras personas pueden ser impactadas y atraídas a Cristo.

La pasión como el motor del éxito. La falta de pasión roba el gozo y la motivación en cualquier tarea que realicemos. En cambio, cuando vivimos y trabajamos con pasión, cada acción cobra un nuevo significado. La pasión es el motor que nos impulsa a no conformarnos con lo mínimo, sino a esforzarnos por la excelencia en todo lo que hacemos. Dios no quiere que simplemente cumplamos con nuestras responsabilidades; quiere que lo hagamos con pasión, con amor y con dedicación.

Pasión en medio de las dificultades. Vivir con pasión no significa que todo será fácil. De hecho, habrá momentos en los que nuestras pruebas y desafíos pondrán a prueba nuestra fe y nuestro entusiasmo. Sin embargo, incluso en esos momentos, podemos seguir viviendo con pasión. Jesús es el mejor ejemplo de esto. En el huerto de Getsemaní, mientras enfrentaba el sufrimiento y la muerte que se avecinaban, Jesús siguió adelante porque Su pasión por cumplir la voluntad del Padre lo motivaba a seguir, incluso cuando el camino era doloroso. —De hecho, ese momento en la vida de Jesús es llamado la *pasión*—. Del mismo modo, nosotros debemos continuar sirviendo a Dios con pasión, incluso en los momentos más difíciles. La pasión no se basa en nuestras circunstancias, sino en nuestra relación con Dios. Cuando nos enfrentamos a pruebas, la pasión por Dios nos da la fuerza para perseverar, para seguir adelante y para mantener nuestra fe firme.

La pasión como estilo de vida es el llamado que Dios nos hace a cada uno de nosotros. No podemos separar nuestras actividades "seculares" de nuestras actividades "espirituales", porque todo lo que hacemos es sagrado cuando lo hacemos para el Señor. Cuando vivimos con pasión, no solo cumplimos con nuestras responsabilidades, sino que transformamos nuestras acciones en adoración. Te animo a que hoy examines tu vida y te preguntes: ¿Estoy viviendo con pasión? Si no es así, ora para que Dios reavive la pasión en tu corazón. Cada tarea es una oportunidad para glorificar a Dios, ya sea en el ministerio, en el trabajo, en el hogar o en cualquier otra área de tu vida.

Anhelo que el Señor nos impulse a ser líderes apasionados, llenos de fervor y entrega en cada cosa que emprendamos,

PILAR 5
MULTIPLICACIÓN

La multiplicación en el liderazgo cristiano no es solo una estrategia de crecimiento, sino el motor que impulsa la expansión del Reino de Dios de generación en generación. El verdadero liderazgo no consiste únicamente en guiar y enseñar, sino en formar y delegar en otros para que también se conviertan en multiplicadores de la misión de Cristo. Este modelo no es nuevo; ha sido el diseño de Dios desde tiempos bíblicos para garantizar que Su obra continúe y se fortalezca a lo largo de los siglos. El liderazgo centrado en una sola persona es limitado. Las fuerzas se agotan y el impacto disminuye con el tiempo. En cambio, el liderazgo multiplicador trasciende estas limitaciones al crear una red de discípulos y líderes que amplían el alcance del ministerio de forma exponencial. Si un líder no se multiplica, su influencia se reduce a su propia capacidad, lo que puede llevar al agotamiento y a un ministerio limitado. Sin embargo, cuando un líder invierte en capacitar a otros, el crecimiento no solo se amplía en cantidad, sino también en calidad y profundidad espiritual. Cada nuevo líder añade fortaleza y compromiso, extendiendo el impacto mucho más allá de lo que una sola persona podría lograr. Pablo comprendió este principio cuando escribió a Timoteo: "Lo que has oído de mí ante muchos testigos, esto encárgaselo a hombres fieles que sean idóneos para enseñar también a otros" (2 Timoteo 2:2). Aquí, Pablo señala la importancia de no solo enseñar, sino de delegar en personas que a su vez puedan capacitar a otros, asegurando que el impacto alcanzado no se detenga en una sola generación.

El desafío para los líderes es superar la tendencia de querer hacerlo todo por sí mismos. Es fácil caer en la creencia de que delegar es arriesgado o que nadie puede hacerlo con el mismo compromiso. Sin embargo, el verdadero liderazgo consiste en equipar a otros para que lideren con la misma autoridad. Si un líder invirtiera en formar nuevos líderes tanto como en cumplir sus tareas diarias, el ministerio sería mucho más fuerte y expansivo. Delegar es, en esencia, un acto de fe: confiar en que el Espíritu Santo seguirá operando en aquellos a quienes formamos. La multiplicación no produce resultados inmediatos, pero su impacto es profundo y duradero. Lo que comienza con un líder formando a pocos, se convierte en una red de personas capacitadas que añaden valor y crecimiento al Reino. Jesús ejemplificó este modelo al delegar autoridad a sus discípulos para que ellos también formaran a otros, un proceso que ha permitido la expansión del Reino de Dios por generaciones.

Para que la multiplicación sea efectiva, el líder debe entender que no se trata solo de compartir tareas, sino de construir un legado espiritual. En este sentido, el éxito de un líder no se mide por lo que logra personalmente, sino por cuántos líderes forma y capacita para continuar la obra. Este enfoque asegura que el ministerio no dependa de una sola persona, sino de una red de líderes comprometidos con la misión de Cristo.

El poder de la multiplicación reside en su capacidad para trascender el tiempo y las circunstancias. Aunque los frutos no siempre son inmediatos, el legado que deja es eterno. Un líder que comprende el valor de capacitar a otros no está construyendo su propio ministerio, sino contribuyendo a la edificación del Reino de Dios. Este es el verdadero éxito de un líder cristiano: formar a líderes que, a su vez, se multipliquen.

El llamado a multiplicarse no es sencillo, pero es esencial para extender el Reino de Dios. Al formar a otros, permites que Dios amplíe tu impacto más allá de lo que podrías lograr por tu cuenta. No se trata de cuán capacitado estés, sino de tu disposición a confiar en Dios para capacitar a otros a través de ti. La multiplicación es el legado que garantizará que el mensaje de Cristo siga transformando vidas mucho después de que hayamos terminado nuestra parte en la obra. ¿Estás dispuesto a multiplicarte y a dejar un legado duradero en el Reino de Dios?

CAPÍTULO 18
LÍDERES CON AUTORIDAD II

El liderazgo cristiano es un llamado a la multiplicación. Un verdadero líder no se limita a formar discípulos, sino que tiene como objetivo crear una red de discípulos y líderes que, a su vez, puedan formar y guiar a otros. Este principio de multiplicación no es solo una estrategia eficaz para la expansión del Reino de Dios, sino un mandato bíblico que garantiza la permanencia y el crecimiento continuo del mensaje de Cristo a través de las generaciones.

El principio de multiplicación en el liderazgo cristiano. En 2 Timoteo 2:2, el apóstol Pablo le instruye a Timoteo: "Lo que has oído de mí ante muchos testigos, esto encárgaselo a hombres fieles que sean idóneos para enseñar también a otros". Pablo establece un principio esencial en el liderazgo cristiano: la multiplicación. No solo le estaba diciendo a Timoteo que se limitara a transmitir lo que había aprendido, sino que también lo instaba a formar líderes que fueran capaces de enseñar y guiar a otros. El efecto multiplicador del liderazgo es claro: cuando un líder forma a otros, y esos líderes a su vez capacitan a más personas, el impacto se multiplica de manera exponencial. Este proceso no solo asegura la continuidad del liderazgo en la iglesia, sino que amplía el alcance. La enseñanza de Pablo nos recuerda que no basta con ser un buen pastor o maestro; el verdadero éxito de un líder se mide por su capacidad de formar a otros que continúen con la misión.

La autoridad espiritual como base de la multiplicación. Para que la multiplicación sea efectiva, es necesario que el líder tenga autoridad espiritual. La autoridad cristiana no se basa en títulos o posiciones jerárquicas, sino en el testimonio personal y en una relación profunda con Dios. Pablo no solo era un apóstol porque tenía un "título"; su autoridad se basaba en su devoción a Cristo y en el ejemplo de vida que ofrecía. Cuando Pablo le pide a Timoteo que enseñe lo que ha aprendido, no se refiere solo a conocimientos teóricos, sino a una vida en conformidad con el Evangelio. Esta autoridad espiritual es clave para la multiplicación, porque asegura que lo que se transmite no es simplemente información, sino una transformación de vida. Los líderes que buscan multiplicarse deben tener una vida de integridad, porque la verdadera autoridad no proviene de lo que predicamos, sino de lo que vivimos. Si nuestras vidas no reflejan lo que enseñamos, la multiplicación se vuelve superficial y sin impacto real.

Modelar el liderazgo con autoridad y testimonio. En un mundo donde la información está disponible a través de diversos medios, la autoridad espiritual es lo que marca la diferencia. La autoridad no se gana simplemente por saber mucho, sino por experimentar el poder transformador de Dios y reflejarlo en la vida diaria. En la multiplicación del liderazgo, es esencial modelar una vida que inspire a otros a seguir a Cristo no solo por lo que decimos, sino por cómo vivimos.

Delegar autoridad para multiplicar. Un líder cristiano que entiende el principio de la multiplicación sabe que delegar autoridad es esencial para el crecimiento del Reino de Dios. Delegar autoridad no es solo asignar tareas; implica equipar a otros con el conocimiento, las herramientas espirituales y la confianza para liderar de manera efectiva. Cuando Pablo le pide a Timoteo que enseñe a hombres fieles, no le está pidiendo simplemente que les dé responsabilidades, sino que los forme de manera que puedan enseñar y liderar con autoridad. La delegación de autoridad en el liderazgo cristiano va más allá de lo administrativo; es un acto de fe y confianza en que Dios está obrando en aquellos a quienes estamos capacitando. La multiplicación solo es efectiva cuando el líder está dispuesto a confiar en otros y a soltar el control, permitiendo que otros lideren con la misma autoridad que él ha recibido.

Este proceso de delegación no se limita a dar instrucciones; es un compromiso de invertir tiempo, energía y oración en la formación de nuevos líderes. Es caminar con ellos, discipularlos y darles oportunidades para crecer. No se trata solo de transferir conocimiento, sino de transferir la autoridad para que puedan continuar la misión con la misma pasión y convicción.

Aprovechar la autoridad de otros. Un líder sabio reconoce que no tiene todas las respuestas y que necesita rodearse de personas con diferentes dones y habilidades. El liderazgo efectivo implica reconocer las fortalezas de los demás y trabajar en equipo para multiplicar el impacto del ministerio. En lugar de tratar de hacer todo por sí mismo, un líder con visión entiende que el trabajo en equipo y la diversidad de talentos son fundamentales para la multiplicación. Esta multiplicación del liderazgo no es un proceso aislado, sino un esfuerzo comunitario. Crear un entorno de aprendizaje continuo permite que los líderes y discípulos compartan sus experiencias, enriquezcan sus enseñanzas y fortalezcan la comunidad de fe. Cuando el liderazgo se basa en la colaboración, el impacto del ministerio se multiplica, porque la autoridad no se concentra en una sola persona, sino que se extiende a muchos.

Multiplicación como legado: de una generación a otra. La multiplicación en el liderazgo cristiano no es solo una estrategia para el crecimiento a corto plazo; es un legado que se transmite de una generación a otra. Cuando un líder forma a otros y les delega autoridad, está garantizando que la obra de Dios continúe más allá de su propia vida. Esto es lo que Pablo entendió, y por eso se aseguró de formar a Timoteo y a otros líderes que pudieran continuar con la misión. Un líder que no se multiplica está limitando el impacto del Reino de Dios. Pero un líder que invierte en otros, que forma a discípulos y delega con sabiduría, está dejando un legado duradero. El verdadero impacto de la multiplicación se ve a lo largo del tiempo, en las generaciones de líderes que continúan formando a otros.

En definitiva, el liderazgo cristiano no puede ser un esfuerzo solitario. La multiplicación es esencial para el crecimiento del Reino de Dios y para asegurar que el mensaje de Cristo siga impactando a las futuras generaciones. Pablo nos dejó un ejemplo claro al no retener lo que había aprendido, sino al transmitirlo a otros con autoridad y con el deseo de que ellos también formaran a nuevos líderes. Como líderes cristianos, estamos llamados a multiplicarnos en otros, a formar a la próxima generación de líderes y a delegar la autoridad que hemos recibido. Que Dios nos conceda la sabiduría y la humildad para formar a líderes fieles, dejar un legado de multiplicación y avanzar el Reino de Dios con poder y autoridad.

CAPÍTULO 19
LÍDERES QUE DELEGAN

El liderazgo cristiano no se trata de una sola persona llevando a cabo todas las tareas o siendo el centro de cada aspecto del ministerio. El verdadero liderazgo es multiplicador, es decir, un líder no solo guía, sino que forma, delega y capacita a otros para que ellos también puedan liderar y continuar la obra de Dios. En este capítulo, abordaremos el concepto de líderes que delegan y cómo la delegación efectiva es clave para la multiplicación del Reino de Dios.

El mandato de multiplicar: el ejemplo de Pablo. Otro de los aspectos clave de 2 Timoteo 2:2 es la importancia de delegar: "Lo que has oído de mí ante muchos testigos, esto encárgaselo a hombres fieles que sean idóneos para enseñar también a otros". Como mencionamos, Pablo no solo enseñaba a Timoteo, sino que lo comisionaba a enseñar a otros que, a su vez, pudieran continuar el ciclo de enseñanza. El objetivo no era simplemente cumplir con tareas, sino multiplicar el liderazgo. En el contexto del liderazgo cristiano, la delegación implica empoderar a otros para que tomen decisiones y asuman responsabilidades con la autoridad que les ha sido conferida. Pablo entendía que para que el ministerio siguiera avanzando, era necesario delegar con confianza y propósito. No se trataba solo de pasar tareas, sino de formar a futuros líderes que pudieran expandir el Reino de Dios.

La delegación con autoridad: más que cadetería. Uno de los mayores malentendidos sobre la delegación es confundirla con cadetería, es decir, simplemente asignar tareas mecánicas o triviales. Sin embargo, en el liderazgo cristiano, la delegación verdadera es mucho más que eso. Delegar con eficacia significa encomendar una responsabilidad a alguien, pero también facultarlo para que pueda tomar decisiones y resolver problemas con la autoridad que se le ha otorgado.

Pablo no enviaba a Timoteo o Tito solo a ejecutar órdenes. Les daba autoridad para que tomaran decisiones importantes, lideraran iglesias y enfrentaran desafíos. La delegación con autoridad no es solo un acto de confianza, sino también un acto de formación. Cuando un líder delega, está diciendo: "Confío en que tienes el discernimiento y la capacidad para liderar en esta área". Este tipo de delegación produce líderes fuertes, capaces de multiplicar lo que han aprendido y llevarlo a otros.

El peligro de los líderes "hombres orquesta". Lamentablemente, muchos líderes caen en la trampa de convertirse en "hombres orquesta". Estos son los líderes que intentan hacerlo todo ellos mismos: predican, organizan, lideran reuniones, administran, y hasta se encargan de las tareas más pequeñas. Aunque puede parecer que están dedicados a la obra, este enfoque limita el crecimiento tanto del ministerio como de las personas que los rodean. El líder "hombre orquesta" no solo se sobrecarga, sino que también priva a otros de la oportunidad de desarrollar sus propios dones y de asumir responsabilidades en el ministerio. Este tipo de liderazgo crea una dependencia centralizada que no permite la multiplicación. En lugar de construir un espacio donde otros puedan crecer y liderar, el "hombre orquesta" se convierte en el único punto de referencia, lo que puede ser perjudicial para el crecimiento a largo plazo.

El verdadero liderazgo cristiano implica formar equipos, capacitar a otros y darles la libertad de tomar decisiones. Dios no nos ha llamado a hacer todo solos. Nos ha llamado a ser multiplicadores, a formar una comunidad de líderes que puedan continuar la obra cuando nosotros ya no estemos.

El poder de delegar para la multiplicación. La multiplicación efectiva en el liderazgo solo ocurre cuando los líderes están dispuestos a delegar de manera sabia y estratégica. Delegar no solo implica compartir responsabilidades, sino también preparar a las personas para que puedan crecer y liderar. Al decir que delegamos con propósito, nos referimos a que estamos sembrando en otros la capacidad de multiplicar lo que han aprendido.

Un líder que delega con eficacia reconoce que las personas a las que confía una tarea no solo pueden cumplirla, sino que, en muchos casos, pueden hacerla mejor que él mismo. Esta perspectiva no debe verse como una amenaza, sino como una bendición. Cuando otros son capaces de llevar adelante el trabajo de manera más eficiente, significa que el Reino de Dios está avanzando y que más personas están siendo impactadas por la obra. La delegación eficaz es clave para el crecimiento del ministerio. Cuando un líder forma y capacita a otros, está asegurando que la obra continúe mucho más allá de su propio tiempo. Esto crea una red de líderes que pueden sostener y expandir el ministerio a lo largo del tiempo.

Delegar implica soltar el control. Uno de los mayores desafíos que enfrentan los líderes al delegar es la tentación de mantener el control. Para muchos, puede ser difícil soltar el control y confiar en que otros llevarán adelante la tarea. Sin embargo, la verdadera delegación implica confiar en Dios y en las personas que Él ha puesto a nuestro alrededor. Delegar no significa que abandonamos nuestra responsabilidad o abdicamos. Al contrario, significa que confiamos en el proceso de multiplicación que Dios ha diseñado. Cuando formamos a otros y les damos la autoridad para actuar, estamos fortaleciendo el cuerpo de Cristo y asegurando que la obra de Dios siga creciendo y extendiéndose.

Es importante recordar que delegar es un acto de fe. Cuando soltamos el control, confiamos en que Dios está guiando a las personas que hemos capacitado, y que Él seguirá llevando adelante Su obra a través de ellos. Este es un paso crucial para que la multiplicación ocurra.

El legado de la delegación: más allá del presente. Delegar no solo es una necesidad para el presente, sino que es una estrategia para el futuro del Reino de Dios. Como mencioné, un líder que delega y forma a otros está creando un legado que perdurará mucho después de que él ya no esté. Pablo lo entendió claramente. Por eso invirtió tiempo en formar a líderes como Timoteo, Tito y muchos otros. Sabía que el éxito del ministerio no dependía solo de su presencia, sino de cómo capacitaba a otros para que continuaran la obra.

El verdadero éxito de un líder cristiano no se mide por cuánto puede hacer él mismo, sino por cuántas personas ha formado para que sigan multiplicando el liderazgo y expandiendo el Reino. La delegación no solo aligera la carga del líder, sino que amplía el impacto del ministerio. Cada persona capacitada y empoderada para liderar puede influir en otras, lo que crea un ciclo continuo de multiplicación.

Esta es la clave de la multiplicación: formar líderes que, a su vez, formen a otros, creando una red de influencia que impacte vidas de manera continua. Es mi deseo que cada líder cristiano aprenda a delegar con sabiduría, confiando en que Dios está levantando a otros para continuar su obra. Cuando delegamos bien, permitimos que la obra de Dios se multiplique y trascienda, mucho más allá de lo que podríamos lograr por nosotros mismos. La verdadera grandeza de un líder se mide por el impacto que deja en aquellos que ha formado, y por cómo ese legado continúa creciendo a lo largo de las generaciones.

CAPÍTULO 20
FIDELIDAD

Un líder no solo debe delegar con sabiduría, sino que, sobre todo, debe formar discípulos fieles que continúen la obra de Dios. En este capítulo, exploraremos el principio de la fidelidad como la piedra angular sobre la cual se construye un liderazgo que multiplica. No se trata de buscar la perfección, sino de encontrar corazones comprometidos, constantes y fieles en el servicio.

La fidelidad como cimiento de la multiplicación. En 2 Timoteo 2:2, el apóstol Pablo ofrece una de las instrucciones más fundamentales para la multiplicación fiel en el liderazgo cristiano: "Lo que has oído de mí ante muchos testigos, encárgalo a hombres fieles que sean idóneos para enseñar también a otros". Notemos que Pablo destaca la importancia de la fidelidad por encima de cualquier otra cualidad. La fidelidad es la piedra angular que garantiza que lo que se ha recibido de Dios a través de los líderes se conserve y se transmita de una generación a otra, asegurando la continuidad del ministerio y el crecimiento del Reino. El mundo tiende a valorar el carisma, el talento y la innovación, sin embargo, la Biblia nos recuerda que la fidelidad es el cimiento sobre el cual se construye el liderazgo duradero. Ser fiel no significa ser perfecto, sino ser constante y comprometido. Un líder fiel no es alguien que nunca comete errores, sino alguien que, a pesar de sus imperfecciones, se mantiene firme en su llamado y en su obediencia a Dios.

Fiel en lo poco, fiel en lo mucho. Jesús nos enseña en sus parábolas que aquellos que son fieles en lo poco serán puestos sobre mucho. En la parábola de los talentos (Mateo 25:14-30), Jesús elogia al siervo que multiplicó lo que había recibido, diciéndole: "Buen siervo y fiel; sobre poco has sido fiel, sobre mucho te pondré". Ser fiel en lo poco puede no parecer glamoroso o significativo a los ojos del mundo, pero en el Reino de Dios, cada tarea realizada con fidelidad es un acto de adoración. En lo pequeño se moldea el carácter de un líder y se lo prepara para asumir mayores responsabilidades. A menudo, los líderes cristianos se sienten tentados a buscar las tareas más visibles o aquellas que les otorguen mayor reconocimiento. Sin embargo, Dios busca a aquellos que están dispuestos a servir con excelencia en las tareas humildes, porque es allí donde se prueba el corazón.

La fidelidad como cualidad esencial para la multiplicación. En el proceso de formar a otros para que continúen la obra del ministerio, es fácil sentirse atraído por personas con talentos evidentes o habilidades sobresalientes. Sin embargo, la Biblia nos llama a buscar personas fieles. A lo largo de las Escrituras, vemos cómo Dios no siempre elige a los más capacitados según los estándares humanos, sino a aquellos que tienen un corazón fiel. Por ejemplo, David, antes de convertirse en rey, fue un simple pastor de ovejas, pero en ese lugar de aparente insignificancia demostró una fidelidad incuestionable al proteger a los rebaños de su padre. También, Moisés, antes de liderar al pueblo de Israel, fue fiel durante años cuidando los rebaños de su suegro en el desierto. La fidelidad en las pequeñas tareas prepara a las personas para responsabilidades mayores.

En el liderazgo cristiano, la delegación y la formación de otros no se basan en la búsqueda de genios o personas excepcionales, sino en la identificación de aquellos que son fieles con lo que se les confía. Ser fiel significa cumplir con las tareas asignadas con diligencia y en el tiempo adecuado, independientemente de cuán grandes o pequeñas sean. Una persona fiel es aquella en quien se puede confiar, alguien que siempre busca honrar su compromiso no solo con sus líderes, sino también con Dios.

La fidelidad como un rasgo de carácter, no de perfección. A menudo, cuando pensamos en las personas que continuarán nuestro legado, podemos caer en la tentación de buscar la perfección o la excelencia en todos los aspectos de sus vidas. Sin embargo, Dios nos llama a ser fieles. La fidelidad, más que una habilidad o talento, es una cualidad de carácter. Una persona fiel no es alguien que nunca falla, sino alguien que, a pesar de los desafíos y las dificultades, se mantiene firme en su compromiso con Dios y con la obra que se le ha encomendado. Uno de los grandes peligros del liderazgo es sobrevalorar el talento y subestimar el poder de la fidelidad. Un líder que se deja llevar por la búsqueda de personas carismáticas o talentosas puede perder de vista la importancia de formar a personas fieles. La fidelidad es lo que realmente sostiene la obra de Dios a largo plazo, porque las personas fieles son las que perseveran, las que no se rinden fácilmente y las que permanecen firmes aun cuando los tiempos son difíciles.

El poder de la fidelidad en la obra de Dios. En el contexto del ministerio, la fidelidad no solo es importante para el cumplimiento de tareas, sino que es clave para la multiplicación efectiva. Cuando un líder delega una tarea a alguien fiel, no solo confía en que esa tarea será completada, sino que está formando a una persona que, a su vez, puede ser un futuro líder. La multiplicación ocurre cuando confiamos en personas fieles, quienes toman en serio lo que se les encomienda y lo llevan a cabo con diligencia y excelencia.

La fidelidad en el liderazgo también implica ser fiel a los principios del Reino de Dios. No solo estamos formando a personas para que realicen tareas, sino para que vivan de acuerdo con los valores del Reino. La fidelidad es la base sobre la cual se construyen los ministerios que perduran, porque las personas fieles no están motivadas por el reconocimiento o la fama o aspectos superfluos, sino por su amor y compromiso con Dios.

Reconociendo la fidelidad en los demás. Como líderes, debemos aprender a identificar y reconocer la fidelidad en aquellos que nos rodean. A veces, las personas más fieles no son aquellas que buscan llamar la atención o destacar por sus habilidades. De hecho, es posible que sean personas que prefieran servir en silencio, sin buscar reconocimiento público. Sin embargo, estas personas a menudo son las que sostienen el ministerio de manera discreta pero poderosa.

Jesús eligió a discípulos que no eran conocidos por sus grandes capacidades, sino por su disposición a seguirle y aprender de Él. De la misma manera, debemos estar atentos a las personas que, aunque no destaquen por su carisma o habilidades, demuestran una fidelidad inquebrantable en las pequeñas tareas. Ellos son los pilares sobre los que se construirá la multiplicación en el liderazgo.

El liderazgo cristiano que verdaderamente multiplica no se basa en la búsqueda de perfección o en habilidades extraordinarias, sino en la capacidad de identificar, formar y confiar en personas fieles. Recuerda que la fidelidad es el principio sobre el cual se construye un legado duradero en el Reino de Dios. Cuando somos fieles en lo poco, Dios nos confía mucho más, y es en esa fidelidad donde se encuentra la verdadera multiplicación. Por eso, anhelo que Dios nos ayude a ser líderes fieles, no solo en nuestras propias tareas, sino también en la formación de otros. Que podamos identificar a aquellos que, aun en lo pequeño, demuestran un profundo compromiso con la obra de Dios, y que a través de esa fidelidad, contribuyan al avance del Reino. La fidelidad es la clave para la multiplicación y, en un sentido práctico, resulta clave para que el legado de Cristo continúe a través de las generaciones.

CAPÍTULO 21
LÍDERES QUE SE REPRODUCEN

El verdadero éxito de un líder no se mide únicamente por sus logros personales, sino por su capacidad de reproducirse en otros, formar a nuevos líderes que continúen la obra de Dios. Este tipo de liderazgo trasciende los logros individuales y busca expandir su impacto a lo largo de las generaciones. En este capítulo, profundizaremos en cómo los líderes cristianos están llamados a reproducirse, a delegar con sabiduría y a formar discípulos que también sean capaces de enseñar a otros.

El mandato de Pablo a Timoteo: una visión de multiplicación. Continuemos con 2 Timoteo 2:2, la instrucción clara a su hijo espiritual Timoteo: "Lo que has oído de mí ante muchos testigos, esto encárgaselo a hombres fieles que sean idóneos para enseñar también a otros". Formar futuros líderes que puedan continuar y reproducir el mismo proceso con otros. Este mandato nos recuerda que el liderazgo cristiano no puede ser estático. No es simplemente predicar o enseñar, sino formar a otros que puedan llevar adelante la obra de Dios con el mismo celo y compromiso. Es fácil caer en la tentación de centralizar la autoridad y las responsabilidades, pero Pablo nos ofrece un modelo distinto: un liderazgo que se multiplica al delegar y capacitar a otros para que también sean líderes.

El ejemplo de Elías y Eliseo: el legado interrumpido. Uno de los ejemplos más impactantes sobre la importancia de reproducir el liderazgo se encuentra en la vida de los profetas Elías y Eliseo. Elías, un gran profeta de Dios, realizó poderosos milagros y, siguiendo el llamado de Dios, formó a su sucesor, Eliseo. Este último, no solo continuó el ministerio de Elías, sino que realizó incluso más milagros que su mentor. Sin embargo, a pesar de su éxito, Eliseo no formó un sucesor, y con él terminó, por un tiempo, el ministerio profético. Su vida nos da una advertencia clara: la falta de multiplicación y de sucesión en el liderazgo puede interrumpir el avance del Reino de Dios. Si Elías no hubiera formado a Eliseo, su ministerio habría terminado con él. Del mismo modo, si los líderes de hoy no toman en serio la tarea de reproducir su liderazgo en otros, el impacto de su ministerio podría detenerse al finalizar su tiempo de servicio.

Como mencioné, la multiplicación efectiva solo ocurre cuando la delegación es acompañada por un proceso de formación. Si simplemente delegamos tareas sin formar a las personas en el proceso, la obra puede avanzar por un tiempo, pero no tendrá un impacto duradero. La formación es lo que garantiza que la delegación tenga un efecto multiplicador a largo plazo.

La reproducción espiritual: el fundamento del discipulado. El cristianismo ha perdurado y crecido a lo largo de los siglos gracias al principio de la reproducción espiritual. Cada generación de creyentes ha sido formada por otra que la precedió, creando un ciclo continuo que se remonta a los primeros discípulos de Cristo. Si hoy somos creyentes, es porque alguien nos enseñó el evangelio, y esa persona, a su vez, fue enseñada por otro. Este ciclo de reproducción espiritual no es opcional, sino el núcleo del discipulado cristiano. Jesús no solo vino a salvar almas, sino también a formar discípulos que pudieran continuar su obra. Durante tres años, enseñó y capacitó a sus discípulos para que, cuando Él ya no estuviera físicamente presente, ellos pudieran llevar adelante el mensaje del Evangelio y formar a otros. Este proceso de discipulado debe continuar hoy, ya que es la única manera de garantizar que la obra de Dios siga avanzando y alcanzando nuevas generaciones.

Iglesias, discípulos y pastores que se reproducen. Con el tiempo, he observado una fórmula sencilla pero poderosa en la multiplicación del liderazgo cristiano: iglesias se reproducen en iglesias, discípulos se reproducen en discípulos y pastores se reproducen en pastores. Esta fórmula no es complicada, pero requiere un compromiso serio con el principio de formar a otros. No se trata solo de crecimiento numérico, sino de crear una cultura de discipulado donde cada persona entiende que está llamada no solo a seguir a Cristo, sino a formar a otros.

Como hemos abordado en estos capítulos, para que esta fórmula funcione, los líderes deben ser intencionales en la elección de personas fieles, delegarles responsabilidades y prepararlos para que, a su vez, puedan enseñar a otros. La multiplicación no ocurre por accidente; es el resultado de un liderazgo comprometido con el discipulado constante.

El poder de dar lo que hemos recibido. Un líder que se reproduce no retiene el conocimiento, el poder o la experiencia que ha adquirido. En cambio, da libremente lo que ha recibido de Dios, porque entiende que todo lo que tiene le ha sido dado para compartirlo con otros. Mateo 10:8 nos recuerda este principio: "De gracia recibisteis, dad de gracia". Lo que hemos recibido en nuestra vida cristiana –enseñanza, discipulado, formación– no es solo para nuestro beneficio, sino para compartirlo con otros. La verdadera multiplicación ocurre cuando formamos a otros no solo para que cumplan tareas, sino para que sean capaces de reproducir ese conocimiento en otros. La generosidad es clave en este proceso. Un líder que retiene lo que ha recibido está limitando el crecimiento de la obra de Dios. Pero un líder que da libremente, capacita y delega, está contribuyendo a la expansión del Reino de Dios de una manera poderosa y duradera.

Dejar un legado a través de la multiplicación. El liderazgo cristiano que verdaderamente se reproduce no se mide por los logros personales del líder, sino por el legado que deja en las personas que ha formado. Un líder que invierte en otros y se asegura de que ellos también estén capacitados para enseñar y formar a otros, está cumpliendo con el mandato de multiplicación espiritual. Este tipo de liderazgo es esencial para la expansión del Reino de Dios y para asegurar que el mensaje de Cristo continúe impactando a las futuras generaciones.

Que cada líder cristiano se pregunte hoy: ¿Estoy formando a otros líderes que puedan reproducirse a su vez? Que Dios nos dé la sabiduría para delegar con propósito, identificar a personas fieles y multiplicar el impacto de su obra en cada lugar donde nos ha puesto. *La multiplicación no solo es el legado que dejamos para el futuro del Reino, sino la clave para que la obra de Dios continúe creciendo y transformando vidas de manera constante y duradera.*

PILAR 6
HACEDORES DE PUENTES

El líder cristiano está llamado a ser un hacedor de puentes: alguien que restaura lo quebrado, que une lo que ha sido separado, y que facilita el encuentro entre las personas y Dios. Este llamado va más allá de cualquier posición o título; es una responsabilidad espiritual y una tarea profunda que implica sanar, reconciliar y cerrar las brechas que existen tanto en el corazón de las personas como en las relaciones interpersonales. Cristo es el ejemplo supremo de este liderazgo. Su vida y su sacrificio en la cruz fueron la obra maestra de un hacedor de puentes. Jesús, el mediador perfecto, no solo reconcilió a la humanidad con Dios, sino que también desarmó las barreras sociales, culturales y religiosas de su tiempo. Él no se limitó a enseñar sobre la unidad; Él mismo fue el puente que cruzó esas divisiones, restaurando a los marginados y trayendo paz donde solo había hostilidad.

En un mundo cada vez más polarizado, el líder cristiano enfrenta el reto de caminar en esa misma senda. Las divisiones que separan a las personas parecen crecer día a día, pero es en este contexto donde el llamado a ser un hacedor de puentes cobra una importancia crucial. No basta con reconocer las divisiones o lamentarlas desde la distancia; el verdadero liderazgo cristiano implica tomar acción. No se trata solo de enseñar o predicar sobre la reconciliación, sino de ser instrumentos activos que trabajan para sanar esas divisiones, acercando a las personas entre sí y a Dios.

¿Dónde se ve este llamado en las Escrituras? Moisés se presentó ante Dios intercediendo por un pueblo que había perdido su camino, restaurando su relación con el Creador. Nehemías no solo reconstruyó los muros de Jerusalén, sino que también restauró la esperanza de un pueblo que había perdido su identidad. Cada uno de estos líderes, aunque en contextos diferentes, entendió su papel como hacedor de puentes: no solo liderar, sino interceder, restaurar y conectar a la gente con Dios. Piensa en el impacto que tendría un liderazgo centrado en esta misión de restauración. ¿Qué transformación podría ocurrir en tu ministerio si decidieras enfocar tu liderazgo no solo en dirigir, sino en sanar, restaurar y cerrar las brechas que existen entre las personas y Dios? Este es un trabajo que va más allá de lo que se ve a simple vista, pero cuyo fruto es profundo y duradero.

Ser un hacedor de puentes significa negarse a aceptar la división como algo inevitable. Implica un compromiso con el trabajo arduo de restauración: no es suficiente quedarse en la superficie de los conflictos, las heridas o las relaciones rotas. Un líder que construye puentes es alguien que está dispuesto a entrar en los lugares más oscuros y difíciles, llevando la luz de la reconciliación, guiado por el ejemplo de Cristo. Las relaciones restauradas, los conflictos resueltos, y los corazones que se vuelven nuevamente hacia Dios son los frutos visibles de este liderazgo. Es una misión que no siempre es fácil ni inmediata, pero que tiene un impacto eterno. Cada paso que damos para sanar una relación rota o ayudar a alguien a reconciliarse con Dios es un testimonio vivo del poder transformador del Evangelio.

Este pilar del liderazgo es una invitación a asumir ese reto: ser un líder que construye puentes, que busca activamente la restauración, que no se conforma con la división, sino que trabaja incansablemente para cerrar las brechas. No es un camino fácil, pero es el que Cristo nos mostró. ¿Estás dispuesto a caminar en ese llamado, a convertirte en un verdadero hacedor de puentes, y a dejar una huella profunda en las vidas que tocas?

CAPÍTULO 22
PUENTES CON DIOS

El liderazgo cristiano, tal como lo ejemplifica la Biblia, está profundamente ligado a la vocación de ser hacedores de puentes. Este llamado consiste una misión trascendental: reconciliar lo que ha sido roto, tanto entre las personas como en la relación entre la humanidad y Dios. Los líderes cristianos no pueden permitirse vivir en aislamiento, centrados únicamente en sus propios objetivos, sino que deben servir como mediadores, "conectando" a las personas con el amor y la gracia de Dios. En este capítulo, analizamos al líder cristiano como hacedor de puentes, siguiendo el ejemplo supremo de Cristo, nuestro gran Sumo Sacerdote.

Sacerdotes: hacedores de puentes entre Dios y los hombres. La vocación sacerdotal tiene un significado profundo en las Escrituras, y en su raíz se encuentra la labor de ser un hacedor de puentes. En el Antiguo Testamento, los sacerdotes eran los encargados de mediación entre Dios y el pueblo, ofreciendo sacrificios y orando en nombre de los demás. Sin embargo, con la venida de Jesucristo, esta labor se transforma y se amplía. Jesús, el gran Sumo Sacerdote, se convierte en el puente definitivo entre Dios y la humanidad, reconciliando lo que el pecado había separado. El sacrificio de Cristo en la cruz rompió la barrera que nos impedía acercarnos a Dios, permitiéndonos tener acceso directo al Padre. Ahora, cada creyente es llamado a ser un sacerdote que participa en esta labor de reconciliación. Ya no necesitamos un intermediario humano, pero sí necesitamos líderes cristianos que sirvan como facilitadores, guiando a las personas en su proceso de restauración y reconciliación con Dios.

El líder cristiano tiene la gran responsabilidad de ser un puente entre Dios y las personas, un canal a través del cual los demás puedan experimentar el amor y la gracia de Dios. En un mundo fragmentado, lleno de divisiones y conflictos, el papel del líder como constructor de puentes se vuelve vital. El liderazgo cristiano no puede permitirse levantar barreras o fomentar divisiones; al contrario, debe trabajar activamente para conectar y reconciliar lo que ha sido fracturado, tanto en las relaciones humanas como en la relación con Dios.

Construyendo puentes en un mundo dividido. Vivimos en una era marcada por el aislamiento y la alienación. Las divisiones en lo económico, político y social se hacen cada vez más visibles y profundas. En medio de este escenario, el llamado del líder cristiano es ser un pacificador y reconciliador. Tal como Jesús enseñó en Mateo 5:9, "Bienaventurados los pacificadores, porque ellos serán llamados hijos de Dios". El verdadero líder cristiano no puede limitarse a ser un espectador de las divisiones que se dan a su alrededor, sino que debe trabajar activamente para construir puentes.

Un puente, en sentido literal, es una estructura que conecta dos puntos separados por un obstáculo. En el ámbito espiritual, los líderes son llamados a construir puentes entre corazones divididos, separaciones causadas por el pecado, el dolor, la falta de perdón o el desconocimiento de Dios. El líder cristiano es el arquitecto de estos puentes, y su misión es buscar oportunidades para abrir caminos donde otros solo ven barreras. Este trabajo de construir puentes implica mucho más que hablar o enseñar; requiere escuchar, comprender y caminar junto a las personas en sus luchas. Un líder de puentes es alguien que no se conforma con el *status quo*, sino que está dispuesto a entrar en las áreas más rotas y difíciles de la vida de las personas, para reparar lo que está dañado y guiar a otros hacia la reconciliación con Dios.

El liderazgo sacerdotal: un llamamiento universal. Aunque podemos pensamos en los sacerdotes como personas especiales, la Biblia enseña que todos los creyentes son llamados a ser sacerdotes en el Nuevo Pacto. Tal como leemos en 1 Pedro 2:9, "Vosotros sois linaje escogido, real sacerdocio". Cada cristiano tiene la responsabilidad de ser un mediador, un puente, entre Dios y las personas en su entorno. El liderazgo cristiano no debe estar reservado a unos pocos, sino que cada creyente está llamado a construir puentes en su esfera de influencia. Para hacer esto, es necesario un corazón dispuesto al servicio y una profunda compasión por las personas. Al seguir el ejemplo de Cristo, quien se despojó de su gloria para acercarse a nosotros (Filipenses 2:6-8), los líderes cristianos están llamados a ser instrumentos de reconciliación, dispuestos a darse por el bien de aquellos a quienes sirven.

Además, los líderes cristianos deben esforzarse por mantener la unidad del cuerpo de Cristo. El apóstol Pablo nos insta en Efesios 4:3 a "esforzarnos por preservar la unidad del Espíritu en el vínculo de la paz". Este esfuerzo no es algo pasivo; requiere acción intencional, paciencia y un compromiso de reparar lo que está roto, restaurando relaciones y promoviendo la unidad entre los creyentes.

Renovando nuestra vocación sacerdotal: ser puentes de reconciliación. En lugar de enfocarnos en los errores o fracasos del pasado, debemos mirar hacia el futuro y preguntarnos cómo podemos continuar siendo instrumentos de reconciliación. El liderazgo cristiano debe centrarse en el bienestar del prójimo y el avance del Reino de Dios, más que en objetivos personales. Renovar nuestra vocación sacerdotal significa recordar que nuestra labor es profundamente espiritual. Cada interacción con una persona es una oportunidad para actuar como puente, para llevar a esa persona más cerca de Dios y ayudarla a experimentar su gracia. Cada decisión que tomamos como líderes tiene el poder de construir o destruir puentes, y debemos ser conscientes de que nuestro liderazgo debe reflejar el amor y la paz que Dios quiere para todos.

La vocación del servicio: un liderazgo que restaura. El liderazgo cristiano no se trata de poder, reconocimiento o prestigio, sino de servicio. El verdadero líder es aquel que sigue el ejemplo de Cristo, quien no vino para ser servido, sino para servir y dar su vida (Mateo 20:28). Los líderes que construyen puentes no buscan elevarse a sí mismos, sino elevar a los demás, ayudándoles a restaurar y crecer en su relación con Dios. Un líder que construye puentes está llamado a sanar lo que está roto. A través de la oración, la Palabra de Dios, el consejo y la presencia constante, el líder ayuda a reparar las vidas de aquellos a quienes sirve. El liderazgo de servicio no es egoísta ni busca el aplauso, sino que se centra en guiar a otros hacia una relación más profunda con Dios.

Renovemos nuestro compromiso con esta misión. Que cada uno de nosotros, como líderes cristianos, seamos conocidos por ser hacedores de puentes, personas que buscan la paz, que restauran relaciones y que llevan el amor de Dios a todos los rincones del mundo. Dios nos ha llamado a ser puentes, y cuando respondemos fielmente a ese llamado, vemos el poder transformador del Evangelio en las vidas de aquellos a quienes servimos. Ser un hacedor de puentes es la esencia del liderazgo cristiano, y es lo que verdaderamente marca la diferencia en un mundo lleno de separación y desesperanza.

fielmente a ese llamado, vemos el poder transformador del Evangelio en las vidas de aquellos a quienes servimos. Ser un hacedor de puentes es la esencia del liderazgo cristiano, y es lo que verdaderamente marca la diferencia en un mundo lleno de separación y desesperanza.

CAPÍTULO 23
PUENTES ENTRE LOS HOMBRES

No es suficiente guiar a las personas hacia Dios; también debemos comprometernos a reparar relaciones y cerrar las brechas que existen en todos los niveles de la vida, ya sean familiares, sociales u otras. El líder cristiano está llamado a ser un facilitador de la paz y la reconciliación, trabajando continuamente para unir a las personas en un espíritu de armonía y amor. En este capítulo, exploraremos cómo un líder cristiano puede ser un hacedor de puentes entre los hombres, inspirado en el ejemplo de Jesucristo.

Jesús, el hacedor de puentes entre los hombres. Cuando observamos la vida de Jesús, no solo vemos a un Salvador que conecta a la humanidad con Dios, sino también a un líder que unía a las personas entre sí. Jesús construyó puentes entre aquellos que, en la sociedad de su tiempo, estaban separados por barreras sociales, económicas y culturales. Entre sus discípulos había pescadores galileos como Pedro y Andrés, un cobrador de impuestos como Mateo, y un revolucionario como Simón el Zelote. Personas que, bajo otras circunstancias, nunca habrían compartido una misma causa. Sin embargo, Jesús, con su amor y su visión del Reino de Dios, fue capaz de unirlos en una misión común.

Jesús vivió esos principios. Cuando sanó a los marginados, compartió comida con pecadores y tocó a los leprosos, rompió las barreras que la sociedad había impuesto. Este ejemplo es crucial para los líderes cristianos de hoy. En lugar de fomentar divisiones o tomar partido en conflictos que separan a las personas, debemos seguir el ejemplo de Jesús y trabajar para tender puentes entre los hombres, independientemente de sus diferencias.

El peligro de dinamitar los puentes. Lamentablemente, a veces los líderes cristianos, consciente o inconscientemente, destruyen puentes en lugar de construirlos. Ya sea por desavenencias personales, conflictos doctrinales o diferencias culturales, es común ver cómo las relaciones se rompen y las personas se distancian. Esto nos recuerda una práctica común durante la Segunda Guerra Mundial: cuando el ejército nazi se retiraba de una región, destruía los puentes para evitar que el enemigo los siguiera. Esta táctica de guerra, aunque era efectiva en su contexto, es desastrosa cuando la aplicamos en nuestras relaciones personales y ministeriales. El liderazgo cristiano debe evitar esta mentalidad destructiva. En lugar de cortar lazos cuando surgen conflictos, debemos comprometernos a mantener los puentes abiertos, incluso cuando las diferencias parecen insuperables. Cuando destruimos puentes, las posibilidades de reconciliación y restauración se desvanecen. Sin embargo, al mantener la comunicación abierta y dejar las puertas entreabiertas, damos lugar a la posibilidad de que, en el futuro, las relaciones se restauren y florezcan nuevamente.

La división en la sociedad actual: Un desafío para el liderazgo cristiano. Vivimos en una época marcada por profundas divisiones. Las diferencias políticas, económicas y sociales no solo separan a las naciones, sino también a las comunidades, e incluso a las familias. En este panorama, el líder cristiano está llamado a ser un constructor de puentes. Jesús mismo nos enseñó que el Reino de Dios es un reino de reconciliación, y nuestro papel como líderes es ser agentes de reconciliación. Uno de los mayores desafíos para el liderazgo cristiano en la actualidad es enfrentar estas divisiones con sabiduría y gracia. En lugar de tomar partido en los conflictos, debemos crear espacios de diálogo y entendimiento.

En Mateo 5:9, Jesús dijo: "Bienaventurados los pacificadores, porque ellos serán llamados hijos de Dios". Ser un pacificador no significa ignorar las diferencias o evitar los conflictos, sino trabajar activamente para que, en medio de las diferencias, las personas puedan encontrar puntos en común y caminar juntas hacia la reconciliación.

Reconstruir puentes rotos: la clave para un liderazgo eficaz. Como líderes, es probable que nos enfrentemos a relaciones rotas. Ya sea por malentendidos, ofensas o heridas del pasado, muchos puentes en nuestras vidas han sido destruidos o abandonados. Pero el llamado del líder cristiano es reconstruir esos puentes. No podemos permitir que las relaciones rotas se mantengan así para siempre. El proceso de reconstrucción de puentes comienza con la humildad y la disposición a perdonar. Puede que algunos puentes se hayan roto por nuestra causa, o tal vez otros hayan sido responsables. En cualquier caso, el líder cristiano debe tomar la iniciativa en la reparación de relaciones. En Mateo 5:23-24, Jesús nos recuerda que la reconciliación es tan importante que debemos dejar nuestra ofrenda en el altar si recordamos que alguien tiene algo contra nosotros y buscar la reconciliación antes de continuar con ese servicio a Dios.

Este principio es esencial para el liderazgo cristiano: la reconciliación es prioritaria. No podemos liderar eficazmente si tenemos relaciones rotas en nuestras vidas. La unidad del cuerpo de Cristo depende de nuestra disposición a reparar lo que ha sido roto y a buscar la restauración en todas nuestras relaciones.

Mantener los puentes: un liderazgo que mira al futuro. Uno de los mayores desafíos del liderazgo es mantener los puentes una vez que han sido construidos o reconstruidos. Es fácil caer en la rutina o en la comodidad de las relaciones ya establecidas y olvidarnos de cuidar las conexiones que hemos creado. Sin embargo, el liderazgo cristiano implica una atención a las relaciones interpersonales. No podemos dar por sentado que los puentes que hemos construido siempre estarán ahí; debemos mantenerlos activos y fortalecerlos continuamente.

Lo que quiero decir es que el liderazgo de puentes no es una tarea de una sola vez; es un proceso continuo de atención y mantenimiento. Requiere esfuerzo, paciencia y, sobre todo, un corazón dispuesto a servir a los demás sin importar las dificultades que puedan surgir en el camino. Los líderes que construyen puentes están comprometidos con la misión de unir a las personas y ayudarles a experimentar el amor de Dios en sus vidas.

El líder como hacedor de puentes entre los hombres. El liderazgo cristiano auténtico se mide por la capacidad de unir a las personas, sanar heridas y construir puentes donde otros solo ven barreras. Como líderes cristianos, estamos llamados a reconciliar a los hombres entre sí, tal como Jesús nos reconcilió con Dios. Ser hacedores de puentes no es solo un ideal, sino una responsabilidad diaria.

Anhelo que, como líderes, nos comprometamos a ser constructores de puentes en nuestras familias, comunidades e iglesias. Que no permitamos que los conflictos, las diferencias o las heridas del pasado destruyan las relaciones que Dios quiere restaurar. Estoy convencido de que el liderazgo de puentes es el liderazgo que refleja el corazón de Dios, un liderazgo que busca unidad, paz y reconciliación en todas las áreas de la vida. Dios nos ha llamado a ser hacedores de puentes, y a través de este compromiso veremos su obra florecer y destacar en medio de un mundo dividido.

CAPÍTULO 24
PACIFICADORES

El liderazgo cristiano también se trata de actuar como mediadores de la paz, conectando a las personas entre sí y, lo más importante, con Dios. Esto no está reservado solo para quienes ejercen un ministerio pastoral, sino que tiene aplicación para todos los creyentes. En este capítulo profundizaré en cómo el liderazgo cristiano, inspirado en el ejemplo de Jesús, nos llama a ser pacificadores, constructores de puentes en un mundo marcado por el conflicto.

La vocación de construir puentes. Como en su esencia más profunda, el término "sacerdote" describe a alguien que es un constructor de puentes. En Jesús, todos los creyentes fueron llamados a ser parte de este sacerdocio, no para realizar antiguos rituales, sino para interceder espiritualmente y servir como constructores de relaciones. Este llamado a ser sacerdotes es también un llamado a ser pacificadores. En las bienaventuranzas de Jesús, leemos en Mateo 5:9: "Bienaventurados los pacificadores, porque ellos serán llamados hijos de Dios". Aquí, Jesús está hablando directamente de aquellos que trabajan activamente por la paz, personas que se dedican a crear armonía y reconciliación en medio del caos y la división.

La paz no es ausencia de conflicto, sino presencia de reconciliación. Un aspecto clave que debemos entender como hacedores de puentes es que la paz no significa la ausencia de conflicto, sino la presencia de reconciliación y entendimiento. Vivir en paz con los demás no implica que nunca habrá desacuerdos o tensiones, sino que tenemos la capacidad y la voluntad de gestionar esos conflictos de manera constructiva, buscando siempre la restauración y el bienestar mutuo.

En Romanos 12:18, leemos: "Si es posible, en cuanto dependa de ustedes, estén en paz con todos". Pablo también reconoce que no siempre será posible. Hay situaciones que están fuera de nuestro control, pero nuestra responsabilidad es hacer el máximo esfuerzo para evitar divisiones y mantener los puentes abiertos.

Las barreras que impiden la paz. A pesar de este llamado, todos hemos experimentado momentos en los que nos resulta difícil estar en paz con los demás. Las razones pueden ser diversas. A veces, las diferencias ideológicas o culturales nos separan; otras veces, el resentimiento o las heridas del pasado nos impiden perdonar y avanzar hacia la reconciliación. También es común que, al segmentar o estigmatizar a las personas según sus creencias o comportamientos, construyamos barreras que nos alejan de ellos. Estas barreras, cuando no son gestionadas, dinamitan los puentes que debemos construir. Como líderes cristianos, debemos estar conscientes de estas dinámicas y trabajar activamente para derribar las barreras. La clave está en desarrollar una actitud de humildad, empatía y perdón, entendiendo que, al igual que hemos sido perdonados y reconciliados con Dios a través de Cristo, también debemos extender esa gracia a los demás.

Ser mediadores de paz: el ejemplo del pacificador. Ser un pacificador no significa evitar los problemas o cerrar los ojos a las injusticias, sino que implica tomar un papel activo en la reconciliación. Un amigo, que fue testigo de muchos conflictos entre personas de su congregación, desarrolló una técnica que me parece relevante para ilustrar este punto. Cuando sabía que dos personas en su iglesia estaban enemistadas, visitaba a una de ellas y le hablaba positivamente del otro, exagerando un poco, pero sin mentir, sobre las cualidades y el aprecio que el uno sentía por el otro. Luego hacía lo mismo con la segunda persona. Este simple acto de exaltar lo bueno en lugar de enfocarse en lo negativo llevó a una mejora significativa en las relaciones entre aquellos que antes estaban distanciados.

Este ejemplo nos recuerda que el pacificador no es alguien que simplemente espera que los problemas se resuelvan por sí solos. El pacificador es un hacedor de puentes activo, alguien que fomenta el entendimiento mutuo y que promueve la paz donde antes había discordia. Como líderes, estamos llamados a ser ese tipo de personas: mediadores que intervienen en los conflictos no para imponer su voluntad, sino para facilitar la reconciliación.

Trabajar por la paz: un llamado para todos. El llamado a ser pacificadores no está limitado a los líderes pastorales o a quienes tienen una posición de autoridad en la iglesia. A menudo, podemos ver conflictos a nuestro alrededor y pensar que no es nuestra responsabilidad intervenir. Sin embargo, como creyentes y seguidores de Cristo, tenemos la obligación espiritual de actuar como mediadores en la medida de nuestras posibilidades. Ser un pacificador en el sentido de Cristo significa no solo evitar la violencia o la discordia, sino crear las condiciones para que la paz florezca. Esto puede implicar conversaciones difíciles, ofrecer disculpas o extender el perdón, incluso cuando no parece merecido. La paz, desde la perspectiva del Reino de Dios, es un proceso activo y continuo, no un estado pasivo que simplemente esperamos que ocurra.

El liderazgo como puente hacia la paz. El llamado a ser pacificadores no es una opción, sino una responsabilidad inherente a nuestra fe. Que podamos ser instrumentos de paz en nuestras comunidades, familias e iglesias, siempre buscando la reconciliación y el entendimiento mutuo. Que, como líderes, no dejemos de trabajar por la paz y de promover la unidad. Dios nos ha llamado a ser hacedores de puentes, y esa misión empieza en nuestro día a día, con cada interacción, con cada esfuerzo por restaurar lo que está roto.

CAPÍTULO 25
RECONCILIACIÓN

El liderazgo cristiano se fundamenta en una clara vocación: ser agentes de reconciliación y constructores de puentes. Este llamado trasciende el ámbito de los pastores y líderes ministeriales, siendo una responsabilidad que todos los creyentes deben abrazar. Al seguir el ejemplo de Cristo, estamos llamados a sanar relaciones rotas, a promover la unidad y a ser instrumentos de paz. En este último capítulo del pilar: "Hacedores de Puentes", nos adentramos en el Ministerio de la Reconciliación, una misión divina que todo líder y creyente debe asumir para reflejar el corazón de Dios en sus relaciones con los demás.

El ministerio de la reconciliación: una misión divina. En 2 Corintios 5:18-19, el apóstol Pablo nos recuerda que se nos ha dado el Ministerio de la Reconciliación. Este mandato no es opcional ni exclusivo para unos pocos, sino que es un llamado que todos los cristianos deben asumir. La reconciliación es el proceso de restaurar lo que ha sido roto por el pecado, el conflicto o el malentendido. Las relaciones humanas, por naturaleza, son frágiles y están expuestas a fracturas, pero el Evangelio nos ofrece la esperanza de la restauración y la unidad.

Cuando hablamos de reconciliación, nos referimos a restaurar la comunión, sanar las relaciones rotas y buscar activamente la paz. Este proceso no solo afecta a las personas en conflicto, sino que también involucra a los líderes como mediadores que facilitan la restauración. La reconciliación no se trata simplemente de tolerar las diferencias, sino de trabajar activamente por la unidad en el cuerpo de Cristo. A través de este ministerio, reflejamos el amor de Dios, quien nos reconcilió con Él por medio de Cristo.

Diversidad y unidad: apreciando nuestras diferencias. Una de las principales causas de conflicto en las relaciones humanas es la diversidad. Dios nos creó con una vasta gama de pensamientos, opiniones y perspectivas. Aunque estas diferencias pueden enriquecer nuestras relaciones, también pueden convertirse en fuentes de división. El Ministerio de la Reconciliación nos desafía a ver la diversidad como una bendición, no como un obstáculo. Las diferencias no deben ser motivo de enemistad o separación. En lugar de verlas como obstáculos, los líderes cristianos están llamados a ver la diversidad como una oportunidad para fortalecer la unidad dentro del cuerpo de Cristo. Dios no nos llamó a ser uniformes, pero sí nos llamó a estar unidos en nuestra diversidad. El líder cristiano que asume el Ministerio de la Reconciliación entiende que, aunque no todos piensen igual, hay un valor inmenso en la diversidad cuando está alineada con los principios del Reino de Dios.

Reconciliación con Dios: el fundamento para la paz. El primer acto de reconciliación que debe tener lugar es entre el ser humano y Dios. La reconciliación entre los hombres, en la comunidad de fe, está basada en la restauración de nuestra relación con Dios a través de Jesucristo. Si bien es vital estar en paz con los demás, esa paz solo se sostiene sobre el fundamento sólido de una relación restaurada con nuestro Creador. Cuando estamos en paz con Dios, tenemos la capacidad de extender Su amor, perdón y gracia a quienes nos rodean.

El Ministerio de la Reconciliación ha comenzado con nuestra restauración personal con Dios. Al experimentar Su gracia, estamos llamados a reflejarla en nuestras relaciones con los demás. Si no tenemos presente que hemos sido reconciliados con Dios, será difícil ser agentes efectivos de reconciliación en nuestras relaciones interpersonales.

El corazón del Padre: Reconciliación entre hermanos. Dios, como Padre, anhela profundamente la reconciliación entre Sus hijos. No hay dolor mayor para un padre que ver a sus hijos peleados o separados. De la misma manera, el corazón de Dios se entristece cuando sus hijos no están en paz entre sí. Por eso, la reconciliación entre hermanos es una prioridad en el liderazgo cristiano.

Jesús ilustró este principio en Mateo 5:23-24, cuando enseñó que, si recordamos que alguien tiene algo en contra de nosotros, debemos buscar la reconciliación antes de ofrecer nuestra ofrenda. Este mandato subraya la importancia que Dios le da a la unidad y la paz entre hermanos. No podemos ofrecer un servicio aceptable a Dios si no estamos dispuestos a reconciliarnos con aquellos con quienes estamos en conflicto. El Ministerio de la Reconciliación es tanto vertical (entre el ser humano y Dios) como horizontal (entre los seres humanos). Un líder cristiano debe trabajar incansablemente para sanar las relaciones rotas, buscando siempre restaurar la paz entre aquellos que están en conflicto.

Ser agentes de reconciliación: Una responsabilidad compartida. El llamado a ser agentes de reconciliación es una responsabilidad compartida por todos los creyentes. Un liderazgo cristiano efectivo se caracteriza por la capacidad de mediar en los conflictos y por trabajar activamente en la restauración de las relaciones dañadas.

Esto no significa comprometer la verdad del Evangelio, sino vivirla plenamente, buscando siempre el bienestar y la unidad en el cuerpo de Cristo. Debemos tomar la iniciativa para restaurar las relaciones rotas y ser modelos de reconciliación. El Ministerio de la Reconciliación es un llamado a sanar, restaurar y unir, siguiendo el ejemplo de Cristo, quien nos reconcilió con Dios por medio de Su sacrificio.

Mantener el enfoque en la paz: la labor continua del líder. El desafío del liderazgo cristiano es mantener los puentes que hemos construido. No basta con iniciar la reconciliación; debemos mantener la paz a lo largo del tiempo, asegurándonos de que las relaciones permanezcan sanas y restauradas. Esto requiere un compromiso con el bienestar de las personas a quienes servimos. El liderazgo de paz no es una tarea de una sola vez. Es una responsabilidad que exige atención, paciencia y perseverancia. Al igual que un puente necesita mantenimiento constante, las relaciones restauradas requieren cuidado para que no vuelvan a romperse. Esto implica un liderazgo que está atento a las necesidades emocionales y espirituales de las personas, buscando siempre el bienestar integral de quienes están bajo su responsabilidad.

La reconciliación como motor de transformación. No podemos ser efectivos en nuestro llamado sin comprometernos a sanar las relaciones rotas y ser hacedores de paz. A través de la reconciliación, reflejamos el amor de Dios y su deseo de restaurar a la humanidad, no solo con Él, sino también entre sí.

Es mi deseo que este llamado a ser hacedores de puentes inspire a cada líder cristiano a trabajar activamente por la paz y la unidad. El mundo ya tiene suficientes divisiones, conflictos y barreras;

nuestra tarea es derribar esos muros y construir puentes de reconciliación en nuestras comunidades de fe, reflejando así el corazón de nuestro Padre celestial. Dios nos ha llamado a ser hacedores de puentes, y a través de esta misión, podemos cambiar nuestro entorno, una relación a la vez.

PARTE 2
CAUSAS DE LA CRISIS DEL LLAMAMIENTO

El liderazgo cristiano está lleno de momentos de profunda convicción y guía espiritual. Sin embargo, también está marcado por desafíos invisibles, que muchas veces se gestan en el interior del líder. Después de años de servicio fiel, guiando y enseñando con dedicación, es común que surjan dudas donde antes había certeza. Lo que en un principio parecía claro y seguro comienza a desvanecerse, mientras las promesas iniciales se sienten lejanas y el peso del ministerio se vuelve abrumador. El líder, que alguna vez se sintió seguro en su llamado, comienza a preguntarse si realmente fue escogido por Dios o si todo ha sido una ilusión humana. En este punto, surge la crisis del llamamiento. Estas crisis no son indicativos de debilidad espiritual ni de fracaso personal, sino una experiencia común en la vida de quienes han asumido la carga del liderazgo. Años de trabajo arduo, decepciones personales y la ausencia de resultados visibles pueden llevar a cualquier líder a cuestionar su vocación. En medio de estas dudas, el líder se enfrenta a la difícil pregunta de si debe seguir adelante o si su tiempo en el ministerio ha llegado a su fin. Sin embargo, estas preguntas incómodas también abren la puerta a una oportunidad inesperada: la posibilidad de redescubrir un propósito más profundo en el llamado de Dios. En esta segunda parte, abordaremos las causas más comunes de la crisis de llamamiento y cómo estas afectan la vida y el ministerio de los líderes cristianos. Nos acercaremos al ejemplo poderoso es el del profeta Jeremías, quien, a pesar de su gran llamado, experimentó el peso aplastante de su misión. Jeremías fue llamado a proclamar un mensaje de destrucción a su propio pueblo, lo que lo llevó a enfrentar rechazo, aislamiento y sufrimiento. Aunque sus esfuerzos parecían en vano y llegó a contemplar la idea de abandonar su misión, un fuego inextinguible ardía en su interior, recordándole que el llamado de Dios no se apaga fácilmente, incluso en los momentos más oscuros.

Estas crisis no son exclusivas de líderes inexpertos o débiles en la fe. Son parte del proceso de crecimiento espiritual que todo siervo de Dios enfrenta en algún momento. La decepción personal, el agotamiento y la falta de resultados visibles tienen el poder de sacudir las convicciones más firmes. Sin embargo, en lugar de ver estas crisis como un final, pueden ser vistas como el inicio de algo nuevo: una invitación a profundizar en la relación con Dios y redescubrir un propósito renovado. A lo largo de la historia, muchos líderes han sido afectados por estas causas, pero también han encontrado en ellas la chispa para reavivar su pasión y compromiso con el ministerio. Es momento de reflexionar sobre nuestras propias experiencias. Si alguna vez has sentido que el peso del ministerio es demasiado o que los resultados de tu trabajo no reflejan el esfuerzo invertido, no estás solo. Estos sentimientos, aunque dolorosos, pueden marcar el inicio de una profunda transformación espiritual. A lo largo de esta parte, no solo examinaremos las causas de la crisis del llamamiento, sino que también exploraremos cómo enfrentarlas con la sabiduría y el poder que solo provienen de una fe renovada. Lo que parece ser el final de tu fuerza podría ser el comienzo de una nueva etapa en tu ministerio.

CAPÍTULO 26
DECEPCIÓN PERSONAL Y FALTA DE RESULTADOS VISIBLES

El llamamiento ministerial es uno de los momentos más decisivos en la vida de un líder cristiano. Sin embargo, este llamamiento no está libre de crisis y desafíos. A lo largo del tiempo, es inevitable que los líderes enfrenten momentos de duda y crisis, en los que la claridad inicial del llamado parece opacarse bajo el peso de las circunstancias, el agotamiento emocional o las decepciones personales. Este capítulo, comenzaremos a explorar las crisis de llamamiento que todo ministro eventualmente experimenta, analizando sus causas y ofreciendo una guía pastoral basada en las Escrituras para enfrentarlas, con un enfoque particular en el pasaje de Jeremías 20:7-11, donde el profeta expresa su angustia frente al peso de su llamado.

El llamamiento: convicción y crisis. El llamamiento ministerial a menudo se inicia con una experiencia espiritual poderosa, una certeza que nos impulsa a dejarlo todo para seguir a Dios. Sin embargo, conforme avanza el tiempo, ese sentimiento de seguridad puede verse sacudido por crisis. En ocasiones, los ministros se preguntan si fue realmente Dios quien los llamó o si simplemente fue una emoción pasajera, un deseo personal disfrazado de llamado divino. Una de las mayores luchas del ministerio radica en esos momentos de duda, cuando la pregunta surge inevitablemente: "¿Realmente me llamó Dios para esto?". Estas crisis de llamamiento no son algo nuevo ni extraño en la vida de los siervos de Dios. De hecho, Jeremías, uno de los profetas más grandes del Antiguo Testamento, vivió de manera intensa esta lucha interna.

En Jeremías 20:7-11, el profeta revela con brutal honestidad la angustia y el peso emocional que cargaba debido a su ministerio. Jeremías fue llamado a una tarea extraordinariamente difícil: proclamar la destrucción de Jerusalén y el exilio a Babilonia. Como resultado, se encontró en el centro de las burlas, el rechazo y el aislamiento. Su mensaje no fue bien recibido por el pueblo, y su vida estuvo marcada por el sufrimiento y la soledad. Él expresa su dolor diciendo: "Me sedujiste, oh Jehová, y fui seducido; más fuerte fuiste que yo, y me venciste" (v. 7). El llamado de Dios fue tan poderoso que no pudo resistirse, pero al mismo tiempo, cómo ese mismo llamado lo llevó a una vida de constante angustia y oposición. Jeremías estaba abrumado. En su desesperación, consideró abandonar su ministerio: "Y dije: No me acordaré más de él, ni hablaré más en su nombre" (v.9a). Como muchos líderes a lo largo de la historia, Jeremías llegó a un punto en el que contemplaba dejar todo atrás. Este sentimiento de rendición es algo que muchos ministros han experimentado. El peso del llamado, las críticas y los desafíos pueden hacer que el líder se sienta incapaz de seguir adelante. Sin embargo, a pesar de su desesperación, Jeremías reconoce que había algo más profundo en su interior: "Había en mi corazón como un fuego ardiente metido en mis huesos; traté de sufrirlo y no pude" (v.9b). Este fuego simboliza el poder del Espíritu Santo que no puede ser sofocado. El llamado de Dios en la vida de un ministro es algo que, aunque uno intente ignorar, siempre lo lleva de vuelta a la misión que le fue encomendada.

Causas comunes de la crisis de llamamiento Las crisis de llamamiento no son exclusivas de líderes débiles o inexpertos; forman parte del crecimiento espiritual y emocional en el ministerio. Jeremías vivió esas crisis, al igual que muchos siervos de Dios. Entre las causas más comunes de estas crisis se encuentran la decepción personal y la falta de resultados visibles en el ministerio.

Crisis de decepción personal. La decepción personal puede ser una de las causas más profundas de una crisis de llamamiento. Muchos líderes comienzan su ministerio con un gran idealismo y confianza en quienes los rodean. Esperan que sus compañeros de ministerio actúen con la misma integridad y compromiso. Sin embargo, no es raro que descubran que algunos líderes o colaboradores llevan una vida doble o actúan con hipocresía. Esto puede ser devastador. Jeremías enfrentó una profunda traición. Aquellos a quienes ministraba no solo lo rechazaban, sino que buscaban activamente su caída. En medio de ese dolor, Jeremías debió preguntarse si realmente había sido llamado por Dios. Estas experiencias de traición y decepción llevan a muchos líderes a cuestionar la autenticidad de su llamado.

Es en estos momentos cuando el consejo sabio se vuelve crucial. En mi propia experiencia, cuando enfrenté una crisis de llamamiento debido a una gran decepción personal, un mentor me recordó: "No te olvides Quién fue el que te llamó". Este recordatorio es clave, ya que tendemos a poner nuestra confianza en los hombres, pero debemos recordar que nuestro llamado proviene de Dios.

Crisis por falta de resultados visibles. Otra causa común de crisis es la falta de resultados visibles. En nuestra cultura, el éxito se mide por los resultados tangibles y cuantificables. En el ministerio, es fácil caer en la trampa de pensar que, si no hay crecimiento numérico o cambios significativos, nuestro llamado es cuestionable. Sin embargo, Jeremías nos enseña que el éxito no siempre es visible. A lo largo de su ministerio, enfrentó oposición constante y escasos resultados tangibles. Si evaluáramos su ministerio según los estándares modernos, podríamos considerarlo un fracaso. Sin embargo, siglos después, su fidelidad fue reconocida incluso por Jesús mismo, quien lo menciona junto a Juan el Bautista y Elías. Esto nos enseña que el éxito no se mide por resultados inmediatos, sino por la fidelidad al llamado.

Mantener la fidelidad en tiempos de crisis. Superar las crisis de llamamiento requiere fidelidad, incluso cuando las circunstancias sean adversas. Jeremías, aunque enfrentó oposición, traición y el deseo de renunciar, se mantuvo fiel a su misión. El fuego en su interior, esa pasión divina, le recordaba que Dios seguía estando con él. Las crisis de llamamiento son inevitables en la vida ministerial. Aunque las circunstancias puedan hacernos dudar, Dios no nos abandona en nuestras luchas. Si hoy estás enfrentando una crisis de llamamiento, recuerda que el mismo Dios que te llamó es el mismo que te sostiene. Mantén tu mirada en Él. Como Jeremías, aunque el peso de tu misión sea abrumador, Dios sigue siendo fiel y Su propósito se cumplirá en ti.

CAPÍTULO 27
HIJOS QUE SE ALEJAN

Desde el momento en que uno siente el llamado de Dios para dedicarse al servicio ministerial, se inicia un camino lleno de retos, alegrías, y también de crisis. En este capítulo, exploraremos una de las crisis más comunes que enfrentan los líderes: la crisis de llamamiento que surge cuando miembros de la familia, especialmente los hijos, se alejan del camino del Señor o atraviesan fracasos morales.

El llamamiento pastoral y la importancia de la familia. El llamamiento ministerial no solo implica un compromiso con Dios y la iglesia, sino también una responsabilidad hacia la familia. Para muchos pastores, la familia es vista como el primer ministerio. De hecho, en muchas denominaciones y tradiciones cristianas se enseña que, antes de ser pastor de una congregación, uno debe ser un buen pastor de su hogar. Este principio está basado en las palabras del apóstol Pablo en 1 Timoteo 3:4-5, donde se establece que uno de los requisitos para ser pastor es gobernar bien su casa, y tener a sus hijos en sujeción con toda honestidad. Considero que esta enseñanza es fundamental y necesaria. La familia debe ser un reflejo del ministerio pastoral, un lugar donde los valores cristianos sean vividos y enseñados. Sin embargo, lo que a menudo no se aborda lo suficiente es la realidad de que los hijos de los pastores son individuos con su propio libre albedrío y sus propias luchas personales. A pesar de haber sido criados en la fe, hay ocasiones en las que se alejan del camino del Señor, y esto puede provocar una profunda crisis en la vida del pastor.

Este tipo de situaciones pueden generar una profunda decepción y una sensación de fracaso personal. El pastor no solo se enfrenta al dolor de ver a su hijo apartado de los caminos de Dios, sino también a una crisis de llamamiento. En esos momentos, es común que surjan preguntas como: "¿He fallado como padre?" "¿Soy apto para continuar en el ministerio?" "¿Cómo puedo liderar a una congregación si no puedo guiar a mi propia familia?" Este tipo de crisis suele estar acompañado de una culpa abrumadora. El pastor siente que, al no haber logrado que sus hijos se mantuvieran en el camino del Señor, ha fracasado no solo como padre, sino también como ministro. Además, esta situación puede verse agravada por las expectativas externas. La congregación a menudo tiene una visión idealizada de la familia pastoral, y cuando los hijos del pastor se desvían, no es raro que surjan críticas y juicios, lo que aumenta la carga emocional y espiritual del líder.

La enseñanza de Jeremías: el peso del llamado y la fidelidad en medio de la crisis. El profeta Jeremías se encuentra en una profunda crisis personal. En su angustia, expresa su deseo de abandonar el ministerio: "No me acordaré más de él, ni hablaré más en su nombre" (v. 9). Jeremías estaba agotado, cansado de ser ridiculizado y de llevar un mensaje que nadie quería escuchar.

Muchos pastores pueden identificarse con las palabras de Jeremías. Cuando un hijo se aparta de la fe o atraviesa un fracaso moral, el pastor siente el peso de la responsabilidad y, al igual que Jeremías, puede llegar a desear dejar el ministerio. Sin embargo, al igual que el profeta, el pastor descubre que el llamado de Dios es "inescapable". Jeremías reconoce que había en su corazón "un fuego ardiente metido en mis huesos; traté de sufrirlo y no pude" (v. 9). Este fuego simboliza la pasión y la convicción que vienen con el llamado divino. A pesar de los desafíos, a pesar del dolor, el llamado de Dios permanece, y no puede ser ignorado. El ejemplo de Jeremías nos recuerda que el llamado ministerial no depende de las circunstancias externas, ni siquiera de los fracasos o éxitos personales. Dios nos llama porque tiene un propósito para nosotros, y Él es fiel para sostenernos, incluso en los momentos de mayor crisis. El llamado de Dios no está condicionado por nuestras circunstancias, sino que es una obra de su gracia soberana.

La responsabilidad pastoral y el libre albedrío de los hijos. Quiero acentuar que es fundamental que los pastores recuerden que, aunque tienen la responsabilidad de guiar y enseñar a sus hijos en los caminos del Señor, estos tienen su propio libre albedrío. No importa cuánto se esfuercen los padres por inculcarles los valores cristianos, llega un momento en que cada persona debe tomar sus propias decisiones. Si un hijo se aparta de la fe o atraviesa un fracaso moral, no es necesariamente un reflejo del fracaso del pastor como padre. Por esto, el pasaje de 1 Timoteo 3:4-5 no debe ser interpretado de manera legalista. El apóstol Pablo nos enseña que el pastor debe gobernar bien su casa y tener a sus hijos en sujeción. Sin embargo, esto no significa que el pastor deba controlar las decisiones de sus hijos adultos. El liderazgo cristiano en el hogar se trata de instruir, guiar y amar, pero al final, los hijos deben elegir seguir a Cristo por su propia voluntad. —También quiero mencionar que muchos pastores enfrentan la tentación de imponer el ministerio a sus hijos, esperando que estos continúen la labor pastoral. No todos los hijos de pastores están llamados a ser pastores, y forzar este camino solo puede llevar a una mayor frustración y alejamiento. Debemos recordar que el llamado al ministerio es personal y soberano—. El pastor debe liberar a sus hijos para que encuentren su propio camino en Dios, confiando en que el Señor está obrando en sus vidas, incluso en medio de su aparente alejamiento.

El poder del llamamiento divino: Dios sostiene en medio de la crisis. Querido pastor, querida pastora, si estás enfrentando una crisis de llamamiento debido a la situación espiritual de tus hijos, recuerda que el mismo Dios que te llamó es el mismo que te sostendrá. No dejes que el dolor de la decepción te lleve a cuestionar tu vocación. Tu llamamiento no depende de las decisiones de tus hijos, sino de la fidelidad de Dios.

El llamamiento ministerial es un don de Dios, y aunque atravesemos momentos de crisis, Dios no cambia de opinión respecto a Su llamado. Él es fiel para completar la obra que comenzó en ti, y aunque las circunstancias sean difíciles, Su gracia es suficiente para sostenerte. No permitas que los fracasos familiares te hagan dudar de tu lugar en el ministerio.

Mantener la fidelidad en medio de la prueba. El ministerio pastoral es una carrera de resistencia, no de velocidad. A lo largo de esta carrera, enfrentaremos crisis que pondrán a prueba nuestra fe y nuestra convicción en el llamamiento que hemos recibido. La crisis familiar, especialmente cuando los hijos se apartan de la fe, es una de las más difíciles de soportar, pero no define nuestro llamamiento. Dios te ha llamado, y Él es fiel para mantenerte firme, incluso cuando las circunstancias familiares parecen desafiar todo lo que has enseñado y vivido. Confía en su plan y en su tiempo. Él puede restaurar lo roto. Mientras esperas, sirve con fidelidad y pasión. El fuego que ardía en Jeremías también arde en ti, y Dios nunca te abandonará.

CAPÍTULO 28
OPOSICIÓN INTERNA

Como cualquier misión divina, el ministerio no está exento de desafíos, y uno de los más comunes es la crisis de llamamiento y es precisamente en esos momentos de duda cuando debemos fortalecer nuestra relación con Dios y recordar el propósito por el cual fuimos llamados. En este capítulo, quiero abordar una de las causas más frecuentes de esta crisis: la oposición interna dentro de la congregación. A menudo, el ministerio florece cuando sentimos el apoyo de la comunidad, pero puede convertirse en una carga pesada cuando enfrentamos resistencia u oposición por parte de aquellos a quienes estamos sirviendo. Enfrentar esta realidad puede sacudir los cimientos del llamado, pero también ofrece una oportunidad para crecer y confiar más profundamente en Dios. Tomemos como referencia la experiencia del profeta Jeremías y veamos qué podemos aprender de su vida en medio de las dificultades y el rechazo.

La crisis de llamamiento: un conflicto espiritual y emocional. Como dijimos, una crisis de llamamiento puede ser un proceso doloroso y confuso. Es una experiencia espiritual y emocional en la que el pastor o líder comienza a cuestionar la legitimidad de su llamado. ¿Realmente fui llamado por Dios? ¿Estoy en el lugar correcto? ¿Debo seguir adelante? Estas preguntas, aunque difíciles, no son nuevas.

La frustración de Jeremías era palpable. Él no podía escapar del sendero marcado por el dolor, el rechazo y la burla constante. "Cada día he sido escarnecido, cada cual se burla de mí", expresaba con profundo dolor. Lo que al principio había sido una misión llena de convicción y propósito, se transformó en una fuente incesante de sufrimiento. Jeremías llegó al punto de querer abandonar su llamado, exhausto y al borde de la rendición, un sentimiento que muchos pastores pueden reconocer profundamente: el deseo de dejarlo todo ante el peso abrumador de la oposición y las dificultades que conlleva el ministerio. Sin embargo, a pesar de su angustia, Jeremías no pudo ignorar el fuego divino que ardía en su interior, un recordatorio de que su misión no era producto de una decisión humana, sino de un llamado directo de Dios. Este fuego ardiente en su corazón lo impulsaba a continuar, mostrándole que, aunque las pruebas fueran grandes, el propósito de Dios era aún mayor.

La oposición interna: un desafío que debemos enfrentar. Una de las causas más comunes de la crisis de llamamiento es la oposición interna dentro de la iglesia. Mientras que la oposición externa (del mundo o de las autoridades) es algo que podemos esperar y manejar con mayor facilidad, la oposición que viene desde dentro es mucho más dolorosa y complicada. Esta resistencia proviene de aquellos con quienes compartimos la vida espiritual. La oposición interna no siempre se manifiesta de manera abierta. A menudo es sutil, disfrazada de preocupación o de críticas constructivas, que pueden socavar la confianza del pastor sin que se note de inmediato. Comentarios pasivos, falta de apoyo o actitudes de descontento pueden desanimar al líder y llevarlo a cuestionar si está haciendo lo correcto. Cuando nos encontramos con esta resistencia, es natural preguntarnos si hemos cometido errores. ¿Estaré equivocado en mi visión? ¿Estoy tomando las decisiones correctas? Estos momentos de autoexaminación pueden ser saludables si nos llevan a crecer, pero también pueden ser fuentes de duda y frustración si no se manejan adecuadamente.

Oposición y crecimiento: discerniendo la voz de Dios. Querido pastor, quiero recordarte que la oposición interna no siempre es un indicio de que estás fallando. En muchos casos, la oposición es una oportunidad para crecer y afinar el ministerio. En 1 Corintios 11:19, Pablo menciona: "Es necesario que entre vosotros haya disensiones, para que se hagan manifiestos entre vosotros los que son aprobados". La oposición puede ser un medio que Dios utiliza para refinar y aclarar nuestra misión. Como pastores, necesitamos discernir entre la crítica constructiva y la oposición destructiva. La primera puede ayudarnos a mejorar y a seguir el plan de Dios, mientras que la segunda intenta socavar nuestro liderazgo. A menudo, la oposición surge porque nuestras decisiones y acciones desafían el *status quo* o afectan intereses personales de algunos miembros de la congregación. Esto no significa que estemos en el camino equivocado, pero sí nos invita a mantener un corazón humilde y abierto para escuchar lo que Dios quiere enseñarnos a través de esas críticas.

El ejemplo de Jesús: perseverancia frente a la oposición interna. Cristo también enfrentó oposición interna. A lo largo de su ministerio, no solo tuvo que lidiar con el rechazo de las autoridades religiosas, sino también con la incomprensión de sus propios discípulos. Pedro, uno de sus más cercanos seguidores, trató de impedir que Jesús siguiera el camino a la cruz (Mateo 16:22). Incluso los más cercanos a nosotros pueden oponerse a nuestra misión, no por maldad, sino por falta de comprensión. Sin embargo, Jesús permaneció fiel a la misión que el Padre le había encomendado. No permitió que la incomprensión de sus discípulos desviara su propósito. Como pastores, debemos aprender de su ejemplo. La oposición no debe hacernos dudar de nuestro llamamiento, sino que debe fortalecer nuestra dependencia de Dios y nuestra determinación de seguir su voluntad.

Enfrentando la oposición con las armas espirituales correctas. Cuando enfrentamos oposición interna, es crucial que no respondamos con emociones carnales. La palabra de Dios nos recuerda en Efesios 6:12 que "nuestra lucha no es contra carne y sangre". Las batallas que enfrentamos en el ministerio no son personales, sino espirituales, y debemos abordarlas con las armas espirituales que Dios nos ha dado: la oración, la intercesión y el discernimiento. Al llevar estos conflictos ante Dios, Él nos dará la sabiduría para manejarlos con gracia y paciencia.

Fieles al llamamiento, incluso en medio de la oposición. Si hoy estás enfrentando oposición interna en tu congregación, quiero recordarte que Dios te llamó y su llamamiento es irrevocable (Romanos 11:29). La oposición no es un signo de fracaso, sino una oportunidad para fortalecer tu dependencia de Dios. Sigue confiando en Aquel que te llamó, y no permitas que las dificultades te hagan dudar del llamado que Dios ha puesto en tu vida. A veces, el fuego del llamado arde más fuerte en medio de la prueba, como lo experimentó Jeremías. El peso del ministerio puede ser abrumador, pero recuerda que Dios te ha dado el Espíritu Santo como guía y fortaleza. No permitas que la oposición apague ese fuego; más bien, deja que te impulse a seguir adelante con mayor determinación.

CAPÍTULO 29
FALTA DE APOYO

El llamamiento no garantiza una vida sin dificultades; al contrario, los desafíos y las pruebas son parte integral del camino. En este capítulo, deseo abordar una de las causas más insidiosas pero devastadoras de la crisis de llamamiento: la falta de apoyo por parte de la congregación. Este tipo de situación puede generar un sentimiento de aislamiento, desánimo y, en muchos casos, llevar al pastor a cuestionar su lugar en el ministerio. A diferencia de la oposición directa, que puede ser más visible y enfrentarse con mayor claridad, la falta de apoyo es más sutil y, por lo tanto, más peligrosa. Puede pasar desapercibida durante un tiempo, pero lentamente se convierte en una carga emocional que, si no se gestiona bien, puede hacer que el pastor considere abandonar el ministerio. Quiero explorar esta causa en mayor profundidad, para comprender cómo manejarla de manera eficaz y superar sus efectos.

La falta de apoyo: una crisis silenciosa. Una de las primeras cosas que debemos entender es que la falta de apoyo no siempre es visible como un rechazo abierto o frontal. A menudo es mucho más sutil. Se manifiesta cuando la congregación no se compromete con los planes y proyectos del pastor, cuando las iniciativas no encuentran respaldo, cuando el entusiasmo por las actividades de la iglesia se desvanece y la participación es mínima. No significa necesariamente que la congregación se oponga activamente al liderazgo del pastor, sino que existe una desconexión entre la visión que el pastor tiene y el nivel de compromiso que la congregación está dispuesta a asumir. Esta falta de apoyo puede ser profundamente frustrante. El pastor puede comenzar a hacerse preguntas inquietantes: ¿Por qué no están apoyando mi visión? ¿He comunicado claramente lo que Dios me ha llamado a hacer? ¿Es esto una señal de que mi llamado no es genuino? Estas preguntas, si no se abordan de manera saludable, pueden llevar a una espiral de dudas que genera una crisis en la identidad ministerial del pastor. ¿Cómo podemos abordar esta crisis de manera que no sacuda los cimientos de nuestra fe en el llamado de Dios?

El llamado a comunicar la visión. Uno de los primeros pasos para abordar la falta de apoyo es revisar cómo estamos comunicando la visión. Como pastores, a menudo trabajamos en estrecha colaboración con un pequeño grupo de líderes o colaboradores cercanos, personas que comprenden y respaldan nuestra visión. Es fácil suponer que, porque este grupo la entiende, toda la congregación también lo hace. Sin embargo, esto no siempre es cierto. La falta de apoyo puede surgir porque la visión no ha sido comunicada claramente a toda la congregación. No se trata de oposición, sino de una falta de comprensión de la misión. Por esta razón, es esencial que todos los miembros de la congregación estén informados de la visión y los objetivos del ministerio. No basta con hablar de la visión en reuniones de liderazgo; es necesario asegurarse de que todos, desde los más cercanos hasta aquellos que no están tan involucrados en la vida diaria de la iglesia, tengan un entendimiento claro de hacia dónde va la congregación. Esta comunicación debe ser repetida y reforzada de diferentes maneras, ya que la visión no se asimila con un solo sermón o una sola reunión.

Por ejemplo, muchas veces nos frustramos porque la participación en una iniciativa es baja o el entusiasmo no está donde debería estar. Sin embargo, si tomamos un momento para reflexionar, podemos darnos cuenta de que nunca hemos explicado claramente el propósito detrás de esa iniciativa. ¿Saben los miembros de la congregación por qué estamos haciendo lo que estamos haciendo? ¿Entienden cómo sus dones y talentos pueden contribuir al avance del Reino a través de esa visión? Si no hemos dado esta claridad, no podemos esperar que se sientan motivados a apoyar algo que no comprenden.

La importancia de involucrar a la congregación. El apoyo no es algo que se impone, sino algo que se gana a través de la inclusión y el empoderamiento. Como pastores, tenemos la responsabilidad de ayudar a la congregación a ver su rol dentro del cumplimiento de la visión de la iglesia. Debemos recordar que los miembros de nuestra congregación no son empleados ni súbditos; son discípulos de Cristo, llamados a participar activamente en la misión de la iglesia.

A veces, la falta de apoyo puede ser el resultado de una desconexión emocional entre el pastor y la congregación. Si los miembros no sienten que sus dones y talentos son valorados o que forman parte de algo más grande, es probable que se desanimen y no se involucren. Por lo tanto, es esencial que, como pastores, encontremos maneras de incluir a todos en la misión de la iglesia. Esto puede implicar la organización de reuniones para discutir los planes futuros, escuchar activamente las preocupaciones y sugerencias de los miembros, y trabajar juntos para encontrar formas en las que cada persona pueda participar de manera significativa. Un error común que muchos pastores cometen es suponer que la visión que Dios les ha dado será automáticamente adoptada por la congregación. Sin embargo, la realidad es que la visión debe ser compartida y cultivada. Debemos ser intencionales en la forma en que comunicamos la misión y en cómo invitamos a las personas a formar parte de ella. Si bien podemos estar emocionados y convencidos de lo que Dios nos ha mostrado, necesitamos hacer el esfuerzo de transmitir esa pasión y visión a los demás de una manera que les permita ver su lugar dentro de ella.

Cuando la falta de apoyo persiste. Incluso después de haber comunicado claramente la visión y haber involucrado a la congregación, es posible que sigamos experimentando falta de apoyo. Puede ser profundamente desalentador, pero es importante recordar que el compromiso espiritual es algo que solo el Espíritu Santo puede generar en los corazones de las personas. Nosotros, como pastores, somos responsables de enseñar, guiar y exhortar, pero no podemos obligar a nadie a comprometerse. Nuestra tarea es ser fieles en la comunicación de la visión y en el desarrollo del ministerio, pero los resultados están en manos de Dios.

No debemos medir el éxito de nuestro ministerio únicamente por el nivel de apoyo visible que recibimos, sino por nuestra fidelidad en hacer lo que Dios nos ha encomendado. A veces, los frutos de nuestro trabajo no se ven de inmediato, pero eso no significa que no estamos cumpliendo con el propósito de Dios.

Perseverar en medio de la crisis. Querido pastor, si hoy te encuentras enfrentando una crisis de llamamiento debido a la falta de apoyo en tu congregación, te animo a que no te rindas. La falta de apoyo no significa que estás fuera de la voluntad de Dios. Evalúa cómo has comunicado la visión, busca maneras de incluir a la congregación, pero al final, confía en Dios. Él es quien te llamó, y Él es quien te sostiene. La Biblia —y la historia de la iglesia— está llena de ejemplos de líderes que enfrentaron falta de apoyo y, sin embargo, permanecieron fieles a su llamado. La fidelidad en medio de la adversidad es lo que nos convierte en siervos aprobados por Dios. Recuerda que el éxito del ministerio no se mide solo por los números o el apoyo visible, sino por tu disposición a cumplir con lo que Dios te ha encomendado, incluso cuando parece que estás caminando solo. Dios está contigo y su obra se cumplirá a su tiempo.

CAPÍTULO 30
EL APARATO COMPARATIVO

Entre los obstáculos más serios que enfrentan los pastores se encuentra la crisis alimentada por "tener un aparato comparativo desfavorable". Esta experiencia se presenta cuando los pastores empiezan a compararse con otros ministerios, cayendo en una trampa emocional y espiritual que los lleva a sentir que su trabajo es insuficiente, insignificante o inferior. La comparación puede ser un enemigo silencioso que, si no se enfrenta, conduce al desaliento, la frustración y, en algunos casos, al deseo de abandonar el ministerio. En este capítulo, exploraremos cómo la comparación socava el llamado de Dios y cómo podemos superar esta peligrosa trampa.

La trampa de la comparación en el ministerio. Compararnos con otros ministerios es una práctica destructiva que comienza de manera casi inocente, pero que, con el tiempo, puede consumir nuestro enfoque y nuestra energía espiritual. Como pastores, estamos constantemente expuestos a los logros visibles de otros ministerios. En la era digital, con las redes sociales y las plataformas de difusión cristiana, es fácil ver a iglesias que parecen florecer en cada aspecto: multitudes de personas asistiendo, sermones que impactan a miles, actividades que resuenan en la comunidad. Para muchos pastores, ver estos éxitos puede generar una sensación de insuficiencia y frustración.

Lo más insidioso de esta comparación es que rara vez comparamos de manera justa. Tendemos a comparar nuestros momentos de mayor dificultad con los momentos de éxito de otros, sin tener en cuenta los desafíos ocultos que esos ministerios también enfrentan. Esto nos lleva a creer que nuestro propio ministerio no está a la altura, lo que puede socavar nuestra confianza y la convicción de que Dios está obrando a través de nosotros. Además, si la comparación no se controla, puede dar lugar a la envidia, una actitud tóxica que envenena nuestro corazón y nos distrae del verdadero propósito de nuestro llamado.

La raíz de la comparación: una identidad mal fundamentada. La comparación encuentra su raíz en una identidad mal cimentada. Cuando nuestra autoestima se basa en logros visibles, en el tamaño de nuestra congregación o en el reconocimiento público, es fácil sentirnos fracasados cuando no alcanzamos los estándares de éxito que vemos en otros. Sin embargo, debemos recordar que nuestra identidad no se basa en el reconocimiento humano, sino en lo que Dios dice de nosotros. Tengamos en cuenta que Efesios 1:3-6 nos recuerda que hemos sido elegidos, amados y predestinados por Dios, y que nuestra identidad está firmemente arraigada en nuestra relación con Cristo. Como pastores, nuestra misión no se mide por números o aplausos, sino por nuestra fidelidad al llamado de Dios. Cuando olvidamos esto, caemos en la trampa de medirnos según los estándares del mundo, lo que provoca una crisis de llamamiento aún más profunda. La comparación nos aleja del plan que Dios tiene para nosotros, porque nos enfoca en lo que otros están haciendo, cn lugar de lo que Dios nos ha pedido a nosotros.

La diversidad de los ministerios: un llamado único. Uno de los errores más comunes al compararnos con otros ministerios es olvidar que Dios ha llamado a cada pastor de manera única. El apóstol Pablo, en 1 Corintios 12, nos recuerda que el cuerpo de Cristo tiene muchas partes, y que cada una cumple una función distinta e importante. De la misma manera, cada ministerio tiene un propósito particular en el Reino de Dios. No todos los pastores están llamados a liderar grandes multitudes o iglesias visibles; algunos son llamados a tener un impacto más personal e íntimo. Ambos tipos de ministerios son igualmente valiosos a los ojos de Dios.

Él, en su infinita sabiduría, ha distribuido dones y roles de manera diversa dentro de Su iglesia. Algunos pastores tienen una influencia pública mayor, mientras que otros trabajan en el anonimato, pero con un impacto profundo en las vidas de los creyentes. Lo importante no es la visibilidad de un ministerio, sino la fidelidad con la que respondemos al llamado que Dios nos ha dado. Debemos aprender a ver la diversidad ministerial como una bendición, no como una competencia. Dios te ha dado un llamado específico, y eso es lo que importa.

Aprender de otros sin compararnos. Es importante aclarar que no hay nada malo en aprender de otros ministerios. De hecho, la humildad nos lleva a reconocer que siempre podemos mejorar y aprender de aquellos que han tenido éxito en ciertos aspectos. Sin embargo, la clave está en aprender sin caer en la comparación. Podemos observar las mejores prácticas de otros ministerios sin sentirnos amenazados o desalentados. Cuando vemos a otros pastores prosperar, en lugar de sentir envidia, debemos bendecirlos y orar por ellos. El éxito de otro pastor no disminuye el valor de nuestro ministerio, porque Dios tiene un plan para cada uno de nosotros. La humildad nos ayuda a aprender de otros sin caer en la tentación de compararnos. El Reino de Dios avanza a través de la cooperación de muchos ministerios, y cada uno de ellos es esencial para el propósito divino.

Romper con la trampa de la comparación. Si hoy te encuentras atrapado en la trampa de la comparación, es vital que tomes medidas para romper con ese ciclo destructivo.

Primero, vuelve a las Escrituras y reafirma tu identidad en Cristo. Recuerda lo que Dios ha dicho sobre ti y tu llamado. Efesios 1 es un buen lugar para comenzar, pues nos habla de las bendiciones espirituales que hemos recibido en Cristo y de nuestra posición como hijos de Dios. Segundo, ora por los ministerios que ves prosperar. Al bendecir a otros, rompes las cadenas de la envidia y abres tu corazón a la gratitud por lo que Dios está haciendo en su Reino. Tercero, enfócate en tu propio llamado. Cada vez que sientas la tentación de compararte, recuerda que Dios te ha dado una misión única. Tu éxito no se mide por los estándares del mundo, sino por tu obediencia y fidelidad al llamado de Dios.

Vive tu ministerio en plenitud. Querido pastor, no permitas que la trampa de la comparación te robe la alegría de servir donde Dios te ha colocado. Cristo es tu fuente de valor. En Él ya eres amado, aceptado y aprobado. No necesitas compararte con nadie más. Tu ministerio es valioso porque Dios te ha llamado a cumplirlo. Si te mantienes fiel, verás cómo Dios bendice tu trabajo y cómo Su propósito se cumple en ti y a través de ti. Confía en que Dios está contigo y que tu ministerio está en Sus manos. Vive tu ministerio con gozo, sabiendo que eres único en el plan de Dios, y que lo más importante no es lo que otros están haciendo, sino lo que tú estás haciendo con lo que Dios te ha confiado.

CAPÍTULO 31
DEMANDAS TRADICIONALES

Una de las crisis, común entre pastores y líderes, se produce cuando las demandas ministeriales tradicionales no coinciden con los dones, habilidades o áreas de fortaleza particulares de quien ha sido llamado. En los capítulos anteriores, exploramos la experiencia de Jeremías, un profeta llamado por Dios para cumplir una misión extraordinaria. Sin embargo, a lo largo de su ministerio, Jeremías enfrentó momentos de duda, desánimo y profunda angustia. A pesar de ser uno de los profetas más influyentes en la historia de Israel, Jeremías no fue inmune a las crisis de llamamiento. Este hecho nos sirve como un recordatorio de que incluso los siervos más cercanos a Dios pueden enfrentar momentos de incertidumbre y crisis. Por tanto, si Jeremías, quien fue llamado de manera tan clara y poderosa, atravesó esas dificultades, nosotros también estamos propensos a enfrentarlas.

La presión de las demandas ministeriales tradicionales. Una de las causas más comunes de las crisis de llamamiento hoy en día es cuando las demandas ministeriales "tradicionales" no coinciden con las áreas de fortaleza del pastor. A menudo, las iglesias y congregaciones, ya sea por tradición o por expectativas culturales, esperan que los pastores desempeñen una amplia variedad de funciones. Estas funciones pueden incluir ser el predicador principal, el consejero espiritual, el administrador o el visitador frecuente de los miembros de la iglesia. Aunque todas estas responsabilidades son válidas y valiosas, no todos los pastores están igualmente capacitados o llamados a cumplir con todas ellas. Cuando las expectativas de la congregación no se alinean con los dones y habilidades del pastor, es fácil que este caiga en una crisis de identidad ministerial. El pastor puede comenzar a dudar de su capacidad para liderar, preguntándose si realmente está cumpliendo con lo que Dios le ha llamado a hacer. Esta disonancia entre las expectativas de la congregación y las fortalezas del pastor puede llevar al desánimo, haciendo que se pregunte: "¿Realmente fui llamado a este ministerio? ¿Soy la persona adecuada para liderar esta iglesia?".

Un ejemplo personal: las visitas pastorales. Permítanme compartir una experiencia personal que ilustra este punto. Cuando comencé en el ministerio hace más de cuarenta años, una de las demandas tradicionales en muchas iglesias, especialmente en las denominaciones bautistas, era que el pastor debía visitar a cada miembro de la congregación en su hogar. Esto era especialmente cierto si el pastor trabajaba a tiempo completo en el ministerio. No cuestioné esta práctica en su momento, ya que estaba profundamente arraigada en la tradición pastoral. Simplemente, la acepté como parte de mi responsabilidad. Sin embargo, con el tiempo, me di cuenta de que la visitación constante no era una de mis fortalezas ministeriales. En varias ocasiones, me encontré visitando personas que no estaban atravesando ninguna crisis espiritual ni necesitaban consuelo especial. Estaba allí únicamente por una obligación tradicional, más que por una verdadera necesidad pastoral. Recuerdo especialmente la visita a una hermana mayor llamada Angelita. Aunque ella no necesitaba una visita pastoral urgente, su esposo, un hombre incrédulo, aprovechaba mis visitas para hablar de chismes dentro de la iglesia, lo que me llevó a preguntarme: "¿Estoy invirtiendo mi tiempo de la mejor manera?", "¿Qué valor espiritual tiene esta visita?".

Este tipo de experiencias me llevaron a cuestionar si realmente estaba cumpliendo con el llamado que Dios me había dado. Me preguntaba si mi labor consistía únicamente en hacer visitas o si había algo más profundo a lo que Dios me estaba llamando. Estas dudas pueden ser devastadoras, especialmente cuando uno comienza a sentir que está fallando en cumplir con las expectativas de la congregación.

Aceptar nuestros dones y delegar en el cuerpo de Cristo. En estos momentos de duda, es vital recordar que el ministerio pastoral no es un molde único. Cada pastor tiene un conjunto particular de dones y habilidades, y no todos están llamados a hacer exactamente lo mismo. Dios ha distribuido los dones de manera diferente, y el llamado ministerial es tan diverso como el cuerpo de Cristo mismo. No todos los pastores están dotados para cumplir con cada una de las funciones tradicionales de la misma manera, y eso está bien. Cuando hay tareas que no coinciden con nuestros dones o que no nos generan satisfacción, es fundamental aprender a delegar. Esto no es un signo de debilidad o de fracaso en el ministerio, sino una muestra de sabiduría y liderazgo efectivo. En nuestras congregaciones hay hermanos y hermanas que han sido dotados por Dios con habilidades para la visitación, la administración o el consejo, y es posible que desempeñen estas funciones de manera más efectiva que nosotros. Delegar no es abandonar nuestras responsabilidades, sino permitir que el cuerpo de Cristo funcione como Dios lo diseñó: con diferentes miembros cumpliendo diferentes roles.

Uno de los mayores errores que los pastores pueden cometer es intentar cargar todo el peso del ministerio sobre sus propios hombros. Esto no solo conduce al agotamiento, sino que también nos aleja de las áreas en las que realmente podríamos ser más efectivos. Como mencioné en la primera parte del libro, al delegar ciertas responsabilidades, no solo fortalecemos nuestro ministerio, sino que también ayudamos a otros a desarrollar sus dones y cumplir con su llamado dentro del cuerpo de Cristo.

Redefiniendo el éxito ministerial. Parte de la crisis de llamamiento surge porque, a menudo, tenemos una visión distorsionada del éxito ministerial. La tradición y las expectativas de la congregación pueden hacernos sentir que un pastor "exitoso" es aquel que puede hacer todo: predicar, aconsejar, visitar, administrar, etc. Sin embargo, la Biblia nos muestra una imagen diferente. Como he repetido: el éxito en el ministerio no se mide por la cantidad de roles que asumimos, sino por nuestra fidelidad al llamado que Dios nos ha dado. Es crucial recordar que Dios no nos llama a ser expertos en todo, sino a ser fieles en lo que Él nos ha encomendado. En Efesios 4, el apóstol Pablo nos enseña que Dios ha dado diferentes dones a los miembros del cuerpo de Cristo, cada uno con su propósito específico. No estamos llamados a cumplir con todas las expectativas de los demás, sino a edificar al pueblo de Dios en las áreas en las que Él nos ha capacitado. Si intentamos cumplir con todas las expectativas que los demás tienen de nosotros, pronto nos encontraremos agotados y desanimados.

Fluir en el llamado único de Dios. Querido pastor, si estás pasando por un tiempo de crisis porque sientes que las demandas tradicionales no coinciden con tu llamado, quiero recordarte que tu llamado es único. Dios te ha dado los dones y habilidades necesarias para cumplir con su propósito en tu vida. No necesitas hacer todo.

Permite que el cuerpo de Cristo funcione como fue diseñado, con diferentes miembros desempeñando diferentes roles. Si hay áreas en las que no te sientes llamado o equipado, no dudes en delegar esas responsabilidades a otros. Recuerda que delegar no es una señal de fracaso, sino una muestra de liderazgo sabio y efectivo. Al hacerlo, no solo liberarás tiempo y energía para enfocarte en las áreas en las que Dios te ha llamado, sino que también estarás empoderando a otros para que desarrollen sus dones y cumplan con su papel en el cuerpo de Cristo.

Finalmente, mantén tus ojos en Jesús, el autor y consumador de nuestra fe. Él te ha llamado, y Su llamamiento no depende de las expectativas humanas. No permitas que las demandas tradicionales te desvíen de tu verdadero llamado. Fluye en los dones que Dios te ha dado, y confía en que Él completará la obra que ha comenzado en ti. Dios no te ha llamado a cargar con todo el peso, sino a servir con gozo y fidelidad, confiando en que Él es quien dirige su iglesia.

CAPÍTULO 32
LA LUCHA PERSONAL CONTRA EL PECADO

Una de las crisis más difíciles que enfrenta un pastor es la lucha personal contra el pecado, una batalla interna que, si no se maneja con el enfoque correcto, puede generar sentimientos de indignidad, descalificación y la tentación de abandonar el ministerio.

La lucha constante con el pecado: un desafío universal. La vida cristiana es, esencialmente, una vida de lucha continua contra el pecado. Incluso después de ser regenerados por el Espíritu Santo y de recibir una nueva naturaleza en Cristo, el pecado sigue siendo una realidad con la que debemos batallar diariamente. El apóstol Pablo, en su carta a los Romanos, capítulo 7, expresa con una sinceridad brutal su propia lucha: "Porque no hago el bien que quiero, sino el mal que no quiero, eso hago" (Romanos 7:19). Esta es la realidad de cada creyente, incluso aquellos en posiciones de liderazgo. Cuando somos llamados al ministerio, esta lucha no desaparece, sino que muchas veces se intensifica. El ministerio coloca a los pastores en una posición pública de liderazgo y ejemplo, lo que trae consigo expectativas más altas, tanto de la congregación como de ellos mismos. Esto puede llevarnos a experimentar una crisis de llamamiento cuando sentimos que no estamos a la altura de esas expectativas o cuando nuestras luchas internas parecen contradecir el llamado que hemos recibido.

La culpa y la descalificación: el peso del pecado en el ministerio. Uno de los efectos más devastadores de la lucha contra el pecado es la culpa que genera. La sensación de no ser lo suficientemente bueno, de no estar a la altura del llamado, es una carga pesada que muchos pastores llevan en secreto. Esta culpa puede volverse sofocante cuando nos enfrentamos a tentaciones persistentes o cuando caemos en debilidades, y entonces surge la pregunta inevitable: "¿Cómo puedo continuar en el ministerio cuando sigo luchando con esto?". Este sentimiento de indignidad puede llevarnos a creer que no somos aptos para seguir sirviendo, que hemos fallado en cumplir con el estándar que Dios y nuestra congregación esperan de nosotros. Algunos pastores, ante estas emociones, consideran seriamente la posibilidad de abandonar el ministerio, creyendo que ya no son dignos de ocupar ese lugar. Sin embargo, es aquí donde debemos recordar una verdad fundamental: Dios no nos llamó porque fuéramos perfectos, sino porque su gracia es suficiente. A lo largo de la Biblia, vemos ejemplos de hombres y mujeres que lucharon con el pecado, y aun así, fueron usados poderosamente por Dios. David, un hombre conforme al corazón de Dios, cayó en pecado, pero fue restaurado. Pedro, uno de los pilares de la iglesia, negó a Jesús, pero fue restaurado. Pablo, el apóstol que evangelizó gran parte del mundo gentil, confesó su constante batalla contra la carne. Dios no escoge personas perfectas, sino personas que dependen completamente de su gracia y poder.

La gracia de Dios: el refugio del pastor en su lucha. Para enfrentar esta crisis de llamamiento, es crucial recordar que nuestra identidad y fortaleza en el ministerio no se basan en nuestra habilidad para vencer el pecado por nosotros mismos, sino en la gracia de Dios. Es su gracia la que nos llamó, es Su gracia la que nos sostiene, y es su gracia la que nos capacita para continuar, a pesar de nuestras debilidades. Cuando nos encontramos luchando con el pecado, el enemigo intentará usar esa lucha para convencernos de que no somos dignos, que hemos fallado, y que no deberíamos seguir sirviendo. Pero la gracia de Dios nos recuerda que nuestra calificación para el ministerio no se basa en nuestra perfección, sino en la obra redentora de Cristo en nosotros. En Romanos 8:1, Pablo declara con valentía: "Ahora, pues, ninguna condenación hay para los que están en Cristo Jesús". No estamos llamados a ministrar desde un lugar de perfección, sino desde un lugar de gracia y redención.

Dependencia total de Cristo: la única fuente de victoria. Otro aspecto crucial que debemos recordar es que no podemos vencer el pecado en nuestras propias fuerzas. Uno de los errores más comunes que cometemos como pastores es intentar luchar contra el pecado usando nuestras propias capacidades, disciplina o fuerza de voluntad. Aunque estas herramientas son útiles, la victoria sobre el pecado no se encuentra en nuestro esfuerzo humano, sino en el poder de Cristo que obra en nosotros. Es Cristo quien venció al pecado en la cruz, y es su victoria la que nos capacita para caminar en santidad.

Cuando intentamos luchar contra nuestras tentaciones y debilidades por nosotros mismos, inevitablemente caemos en desánimo y frustración. Pero cuando aprendemos a depender completamente del Espíritu Santo, encontramos la fuerza para vencer. En Gálatas 5:16, Pablo nos exhorta a andar en el Espíritu para no satisfacer los deseos de la carne. Esto significa que la única manera de vencer nuestras luchas internas es viviendo en dependencia continua del Espíritu, confiando en que es Él quien obra en nosotros para hacernos más como Cristo.

La lucha contra el pecado: un indicativo de vida espiritual. Muchas veces, caemos en el error de pensar que nuestra lucha contra el pecado es una señal de que no somos aptos para el ministerio. Sin embargo, quiero animarte a que veas esta batalla desde una perspectiva diferente. El hecho de que estés luchando es una señal de que estás espiritualmente vivo. La ausencia de lucha no es un indicativo de santidad, sino de apatía espiritual. La conciencia de nuestras debilidades y el dolor que sentimos al luchar contra el pecado son, en realidad, una señal de que estamos caminando con el Espíritu Santo. El Espíritu no solo nos capacita para vencer, sino que también nos transforma en siervos más humildes, compasivos y misericordiosos. Cuando comprendemos nuestra propia lucha, estamos mejor equipados para ministrar desde un lugar de empatía y comprensión hacia aquellos que también están batallando.

El llamamiento de Dios es irrevocable. Dios no se equivocó al llamarte, y tus luchas personales no lo tomarán por sorpresa ni lo llevarán a cambiar de opinión. A lo largo de las Escrituras, vemos cómo Dios mantuvo Su llamado sobre aquellos que enfrentaban sus propias batallas internas. Dios no espera que seamos impecables, pero sí espera que confiemos en Su gracia y Su poder para continuar sirviéndole. Cuando enfrentamos crisis de llamamiento debido a nuestras luchas internas, debemos recordar que es Dios quien nos sostiene. Nuestra tarea es perseverar, confiando en que Aquel que comenzó la buena obra en nosotros será fiel en completarla (Filipenses 1:6).

Perseverar en la gracia. Querido pastor, si te encuentras en medio de una crisis de llamamiento debido a tu lucha personal contra el pecado, te animo a que no te rindas. La gracia de Dios es más que suficiente para sostenerte, incluso en tus momentos de mayor debilidad. No te concentres en tus fracasos, sino en el poder de Cristo que está obrando en ti. Él te llamó, y Él te sostendrá.

En lugar de enfocarte en tu lucha, enfócate en Cristo, quien ya ha vencido al pecado. Su victoria es tu victoria. Confía en Él para que te fortalezca y te guíe a través de este proceso. Tu llamado no se basa en tu perfección, sino en su gracia y poder. No estás solo en esta lucha, y tu llamado sigue intacto a pesar de tus debilidades. Cristo está contigo, y su gracia es suficiente para llevarte a través de cualquier crisis.

CAPÍTULO 33
DEPRESIÓN

Entre estas crisis, una de las más incomprendidas y difíciles de abordar en el ámbito pastoral es la depresión.

La depresión: un tabú en el liderazgo cristiano. Hablar de depresión en el contexto pastoral sigue siendo, lamentablemente, un tema tabú. Hay una percepción errónea de que un pastor, alguien llamado por Dios, debe ser inmune a este tipo de luchas emocionales. Se espera que quienes predican la esperanza, la fe y el consuelo, sean personas siempre firmes y fuertes. Por lo tanto, cuando un líder espiritual enfrenta la depresión, la presión para mantener una fachada de estabilidad y fuerza es abrumadora. Pero debemos ser claros: la depresión no discrimina, y un pastor no es menos siervo de Dios por experimentar una temporada de oscuridad emocional. La depresión puede surgir por una variedad de razones, tanto externas como internas. Puede deberse al agotamiento emocional que viene con el ministerio, tensiones familiares, conflictos congregacionales, el peso de las expectativas o incluso por razones biológicas. Si no se aborda adecuadamente, puede convertirse en una crisis de llamamiento que pone en peligro el bienestar espiritual y mental del pastor, y, en algunos casos, incluso su vida.

La necesidad de reconocer la depresión en el ministerio. Uno de los mayores peligros de la depresión es la negación. Muchos pastores, por temor a ser percibidos como débiles o faltos de fe, optan por no admitir que están luchando con la depresión. El estigma cultural y eclesiástico que rodea a los problemas de salud mental impide que los líderes busquen ayuda. Sin embargo, negar la existencia de la depresión solo prolonga el sufrimiento y agrava el impacto que esta puede tener en la vida y el ministerio del pastor.

Es fundamental que reconozcamos que la depresión no es un pecado, ni es un signo de fracaso espiritual. La depresión es una realidad humana que puede afectar a cualquiera, independientemente de su nivel de fe o responsabilidad ministerial. Aceptar esta realidad es el primer paso hacia la sanidad.

Elías: un profeta que luchó con la depresión La Biblia no esquiva la realidad de la depresión. Algunos de los siervos más fieles y poderosos de Dios pasaron por temporadas de profunda desesperanza. Uno de los ejemplos más claros es el profeta Elías. Después de su gran victoria en el Monte Carmelo, donde enfrentó a los profetas de Baal y demostró el poder de Dios, Elías cayó en una profunda depresión tras recibir las amenazas de la reina Jezabel. Lleno de temor y desánimo, huyó al desierto, donde oró para que Dios le quitara la vida: "¡Basta ya, oh Jehová! Quítame la vida, pues no soy mejor que mis padres" (1 Reyes 19:4). ¿Qué sucedió con Elías? Había experimentado un desgaste emocional, espiritual y físico extremo. Aunque había visto la mano de Dios obrar poderosamente, el peso del ministerio y las amenazas de Jezabel lo llevaron al borde de la desesperación. Elías, un hombre de gran fe y poder, sucumbió a la depresión.

Pero lo que es notable en la historia de Elías es cómo Dios lo trató. En lugar de reprenderlo por su debilidad o falta de fe, Dios envió un ángel para cuidarlo. El ángel lo alimentó, le dio descanso y lo fortaleció para continuar su camino (1 Reyes 19:5-8). Esta respuesta divina nos enseña algo crucial: Dios no nos abandona en nuestros momentos más oscuros. Él entiende nuestra fragilidad y nos cuida incluso cuando nosotros mismos no vemos una salida.

La soledad y el aislamiento: el peligro silencioso. Uno de los aspectos más devastadores de la depresión es que tiende a aislarnos. La depresión lleva al pastor a retirarse de los demás, a esconder sus luchas y a enfrentar su dolor en silencio. Este aislamiento puede intensificar la crisis, ya que el pastor se siente desconectado de aquellos a quienes sirve y de aquellos que podrían brindarle apoyo. Es vital que los pastores reconozcan la importancia de buscar ayuda cuando enfrentan la depresión. Ya sea a través de consejeros espirituales, terapeutas cristianos o mentores de confianza, es necesario tener una red de apoyo que pueda proporcionar un espacio seguro para procesar el dolor y encontrar sanidad. No es un signo de debilidad buscar ayuda, sino una muestra de sabiduría y humildad. La soledad no es la solución, y al enfrentar la depresión en comunidad, se puede comenzar a romper el ciclo de desesperanza.

Depresión y pensamientos suicidas: la realidad no hablada. Lamentablemente, en algunos casos, la depresión no tratada puede llevar a pensamientos suicidas. Este es un tema extremadamente difícil de abordar en la iglesia, pero la realidad es que muchos pastores han luchado en secreto con pensamientos de suicidio. Durante una conferencia pastoral, el pastor Sergio Scataglini hizo un llamado inesperado a aquellos líderes que alguna vez habían considerado quitarse la vida. Al principio, el llamado parecía inusual, pero lo sorprendente fue ver a cientos de pastores responder, confesando que, en algún momento, el peso del ministerio los había llevado a contemplar el suicidio.

Este hecho es devastador, pero también nos recuerda lo crucial que es hablar abiertamente sobre la depresión y los pensamientos suicidas en el contexto pastoral. Muchos pastores, abrumados por la presión de ser fuertes y "espirituales" en todo momento, sienten que no tienen a dónde acudir cuando enfrentan estos pensamientos. Es vital que reconozcamos que la depresión y los pensamientos suicidas no son una señal de debilidad espiritual, sino un clamor de ayuda. Estos momentos oscuros deben ser enfrentados con compasión, comprensión y apoyo, tanto espiritual como profesional.

La gracia de Dios: nuestro sostén en la depresión. Enfrentar la depresión como pastor puede ser abrumador, pero hay algo que nunca debemos olvidar: la gracia de Dios es suficiente. No somos llamados a ser autosuficientes ni a enfrentar nuestras luchas por nuestra cuenta. En 2 Corintios 12:9, Pablo dice: "Bástate mi gracia, porque mi poder se perfecciona en la debilidad". La gracia de Dios es suficiente incluso en nuestros momentos más oscuros. Dios no espera que seamos invulnerables. Él sabe que somos frágiles, y en nuestra fragilidad, Su poder se manifiesta con mayor claridad. Elías no fue descalificado por su depresión, y tú tampoco lo serás. Al contrario, en nuestra debilidad, Dios nos muestra su fuerza. La clave para atravesar la depresión no está en fingir fortaleza, sino en rendirnos a la gracia de Dios, sabiendo que Él nos levantará y nos restaurará.

Sanidad en Dios y en la comunidad. Querido pastor, si estás atravesando una crisis de depresión, quiero recordarte que no estás solo. Dios está contigo en medio de tu dolor, y su gracia es suficiente para levantarte. Pero también es importante que busques el apoyo de otros, que no enfrentes esta lucha en soledad. La depresión no te descalifica del ministerio; de hecho, puede ser un espacio donde Dios obre de manera profunda, trayendo sanidad y restauración a tu vida. No permitas que la depresión te haga dudar de tu valor o de tu propósito. Dios no te ha abandonado, y su poder es suficiente para sacarte del valle más oscuro. No estás solo, y nunca lo estarás.

PARTE 3
FUNDAMENTOS BÍBLICOS DEL SOSTENIMIENTO DEL OBRERO

El sostenimiento económico del pastor es un tema rodeado de preguntas que muchos prefieren evitar. ¿Cómo se sostiene a quien dedica su vida al ministerio? ¿Es correcto que un pastor reciba un salario de la iglesia? Estas interrogantes, que en muchas congregaciones parecen casi prohibidas, abren la puerta a la especulación y generan tensiones que oscurecen un asunto vital. ¿Por qué tanto silencio? ¿Qué se oculta detrás de esta reticencia para hablar de manera clara y abierta? La verdad es que el sostenimiento pastoral no es solo un asunto de dinero, sino de fidelidad a los principios establecidos por Dios. A lo largo de la Biblia, desde Abraham hasta el apóstol Pablo, se revela el diseño divino para el sustento de quienes se dedican al servicio de la iglesia. No se trata solo de resolver una necesidad material, sino de alinear nuestras prácticas con la voluntad de Dios, quien ya ha provisto las directrices para este delicado tema. ¿Qué pasa cuando no se sigue este camino? Las iglesias que no entienden o ignoran estas enseñanzas pueden caer en extremos peligrosos: el "pobrismo evangélico" que niega los recursos necesarios a sus pastores, o el dañino "evangelio de la prosperidad" que distorsiona la verdadera provisión de Dios. ¿Es posible encontrar un equilibrio?

CAPÍTULO 34
EL SOSTENIMIENTO ECONÓMICO DEL PASTOR

Una de las verdades absolutas a las que todos los creyentes adherimos es que Dios es nuestro único y principal proveedor y sustentador. Desde aquella revelación en la vida de Abraham, registrada en Génesis 22, hasta el universalmente conocido Salmo 23, pasando por todo el registro bíblico, se torna indudable el concepto de que Dios es *Jehová-Jireh*, proveedor, sostenedor y sustentador de la vida de cada uno de sus hijos. Teniendo esto en cuenta, es válido preguntarnos cuáles son los canales que Dios utiliza para sustentar a los siervos que se dedican de manera especial al ministerio cristiano.

No son muchos los libros que abordan el tema del sostenimiento económico de los pastores. Curiosamente, parecería ser una cuestión "tabú", rememorando el término que popularizó el padre del psicoanálisis ortodoxo, Sigmund Freud[4]. En variados círculos cristianos, el tratamiento y abordaje del sustento pastoral se asemejan a misterios dignos de las sociedades secretas o masónicas, con el resultado directo de poner en marcha todo el aparato imaginario de la gente, lo cual lógicamente induce a pocas certezas y muchas dudas: "¿Cuánto gana un pastor?", "¿Quién le paga el sueldo?", "¿Recibe algún subsidio del Estado?", "¿Dispone el pastor,

---

[4] *Tótem y Tabú*, Sigmund Freud. Editorial Beacon Press (1913).

directa o indirectamente, de los diezmos y ofrendas?". Como en la mayoría de los casos, las preguntas anteriores carecen de respuestas; y, por otro lado, al no realizarse en el marco apropiado, las especulaciones resultantes aumentan, lo que, por llamarlo de alguna manera, incrementa el "misterio", llevando el tema a un cono de sombras y oscuridad incompatible con el Reino de Dios, que es luz y verdad.

Resulta imprescindible, en el marco del tratamiento de los líderes cristianos "remadores", apartar un capítulo para analizar el importante, pero controversial, tema del sostenimiento económico de los pastores evangélicos. Son varios los factores por los cuales en este ensayo catalogo como "controversial" la temática a tratar. Primeramente: la ignorancia sobre los fundamentos bíblicos, que provoca serias confusiones a la hora de examinar con pulcritud y seriedad la manera en que los pastores deben ser sostenidos económicamente. En segundo término: una exacerbada ideología de "pobrismo evangélico"[5], que conspira contra la idea del sustento material de la tarea pastoral, argumentando, como he escuchado más de una vez, que el dinero es malo y puede corromper a los pastores. En tercer lugar: el tema es controversial por otra ideología o teología tan tóxica como la anterior, que es "el evangelio de la prosperidad"[6], el cual ha dañado de manera considerable el concepto sano de la provisión y sostenimiento de los pastores.

Pese al riesgo natural que corremos al tratar un tema de por sí tan discutible y polémico, se nos hace muy necesario fijar una postura que pueda iluminar las prácticas ministeriales para las presentes y futuras generaciones.

---

[5] Concepto desarrollado en *Adoradores de Mamón*, Néstor Golluscio. Oración publicaciones (2024).

[6] Idem.

1. PRINCIPIO DE ACUERDO

Los principios espirituales emanados de las Sagradas Escrituras, y en especial aquellos que salieron directamente de los labios de Jesús de Nazaret, son de aplicación universal y tienen peso por sí mismos, lo que quiere decir que "cualquiera" que los practique goza de sus beneficios, independientemente de cuál sea la "profesión" ideológica o teológica de los practicantes.

Jesús dejó sentado el principio del acuerdo en Mateo 18:19:

> Si dos de ustedes en la tierra se ponen de acuerdo sobre cualquier cosa que pidan, les será concedida por mi Padre que está en el cielo.

Este principio es de aplicación universal y, por supuesto, también rige para el sostenimiento pastoral. La iglesia local y el pastor deben "ponerse de acuerdo" para fijar el sustento económico de este último. Los mecanismos y procedimientos del acuerdo pueden ser variados y obedecerán a las tradiciones eclesiales correspondientes. Si la comunidad de fe ya es preexistente e "invita" a un pastor a asumir una responsabilidad de liderazgo económicamente rentada, acordarán cuál es el salario, en qué régimen contractual figurará, si lo hará en relación de dependencia, si actuará como monotributista, si simplemente se le dará una ofrenda de amor mensual exenta de cualquier carga impositiva, si la comunidad de fe le otorgará una vivienda, etc. Si la iglesia local o la organización eclesial misionera envían a un pastor a comenzar una nueva obra, acordarán con este con qué recursos económicos puede contar, por cuánto tiempo, cuál es el nivel de autonomía de recursos, etc.

Los acuerdos también respetarán los paradigmas eclesiales de decisión política interna. Algunas iglesias debaten los acuerdos con todos sus integrantes, otras delegan la autoridad a un grupo de líderes, otras al pastor principal; pero, sea cual sea el mecanismo comunitario, lo que nunca puede estar ausente es el acuerdo. Es allí donde el nivel de dedicación del pastor juega un papel importante.

2. DIFERENTES TIPOS DE DEDICACIÓN

Teniendo en cuenta el "acuerdo" como el marco regulatorio principal, he podido ver, a lo largo de toda mi vida ministerial, tres tipos de dedicación laboral de los pastores que han ayudado mucho a la armonía de las iglesias para comprender, valorar y calificar la tarea puntual y específica que realizan los siervos de Dios.

2.a. Dedicación parcial

Con esta distinción describo a aquellos ministerios pastorales que desarrollan diariamente un trabajo mal llamado "secular" —ya que secular quiere decir sin Dios— y también se dedican a pastorear y liderar una comunidad local. El principal sostenimiento de estos pastores proviene de su empleo o empresa, y en algunos casos reciben una ofrenda de la congregación que pastorean. Los siervos de Dios que se circunscriben a este tipo de dedicación, que a mi entender son mayoritarios en América Latina, lideran comunidades numéricamente pequeñas que no tienen recursos económicos suficientes para sostenerlos. En otros casos, siempre bajo el marco del acuerdo, son los mismos pastores, más allá de las posibilidades económicas de la iglesia, quienes prefieren mantenerse bajo este tipo de relación por cuestiones prácticas más que teológicas.[7]

2.b. Dedicación "full-time" (tiempo completo)

En este caso, el acuerdo con la iglesia comprende que la tarea ministerial ocupa la parte central del tiempo físico del pastor y se

---

[7] La acción práctica de pastores que no quieren entrar en un frente conflictivo con respecto al dinero.

equipara con ocho horas diarias de trabajo o cuarenta y ocho semanales. Aun con los aspectos relativos de un encuadramiento horario, ya que la faena pastoral es imposible de equiparar con un empleo sistemático, la idea de este tipo de dedicación incluye un compromiso serio por parte de la congregación local al asumir un sostenimiento económico del pastor que lo exima de buscar otra fuente de ingresos para el sustento de su familia.

2.c. Dedicación exclusiva

Este es el caso puntual en el que los pastores y las iglesias acuerdan un nivel de relación laboral en el que el pastor no puede dedicarse a otra tarea remunerada que no sea la actividad pastoral. Se diferencia de la anterior porque en aquella el pastor puede realizar tareas extraiglesia sin violentar el acuerdo de relación. En la dedicación exclusiva, hay una mayor exigencia "hacia" y "por parte" del pastor. Sin querer "desprestigiar" el término, la dedicación exclusiva implica un nivel de profesionalismo que hay que respetar y honrar de manera correcta. Fueron las corrientes misioneras anglosajonas las que mayormente influyeron para que las iglesias locales tuvieran pastores con una dedicación exclusiva, pensando sabiamente que de esa manera las energías de los siervos de Dios no tendrían niveles de competencia con otras actividades.

Las descripciones que hemos enunciado en los puntos anteriores no son categóricas ni inflexibles. La dinámica eclesial, sumada a la evolución conceptual de los pastores, produce, entre otros efectos, la modificación de los niveles de dedicación. Es una experiencia más que gratificante cuando, por el crecimiento numérico y espiritual de una comunidad de fe, un pastor con dedicación parcial puede dedicarse tiempo completo o en forma exclusiva a la obra del Señor. Entiéndase bien: no estoy afirmando que los pastores con dedicación parcial sean menos eficientes que aquellos que lo hacen a tiempo completo, de ninguna manera. Simplemente, estoy señalando que es una excelente señal que, como producto del crecimiento integral de una iglesia local, la misma pueda contar con alguien que se dedique más tiempo cronológico a todo lo que implica el complejo andamiaje de la tarea pastoral. No son pocos los testimonios que recibí a lo largo de estos años de servicio de colegas que experimentaron niveles importantes de cansancio físico y emocional con un nivel de dedicación parcial en el ministerio, y que luego pudieron ordenar sustancialmente sus recursos corporales y emocionales al pasar a trabajar a tiempo completo. Nuestra humanidad sigue siendo un condicionante al poder y a la sobrenaturalidad del Dios a quien servimos.

Como veremos a continuación, cada una de las diferentes "dedicaciones" tiene su fundamento y asidero en la Palabra de Dios, y vamos a analizarlas minuciosamente.

3. FUNDAMENTOS BÍBLICOS DEL SOSTENIMIENTO DE OBREROS

Sin pretender ser exhaustivos en el análisis exegético de los textos bíblicos que fundamentan el sostenimiento económico de los pastores, nos dedicaremos a seleccionar solo algunos de aquellos que nos sirvan como elementos ilustrativos, incluyendo también el "sentido común" del lector, para que podamos llegar a conclusiones sabias y afirmar con certidumbre las convicciones pertinentes a este importante tema.

Quiero aquí, con toda justicia, mencionar una fuente, de las poquísimas que hay en castellano sobre el tema, que me ha ayudado a plasmar el presente ensayo. Se trata del libro *El sustento del Pastor* de Daniel E. Chevriau[8]. El texto que quiero exponer me resulta el

---

[8] *El sustento del Pastor*, Daniel Chevriau. Editorial salvación. (2005).

195

más significativo, pues es una magnífica condensación docente y apologética de quien fue una de las mejores plumas del Nuevo Testamento, el apóstol Pablo. En 1 Corintios 9:3 y ss., afirma:

> Esta es mi defensa contra los que me critican: ¿Acaso no tenemos derecho a comer y beber?... ¿O es que solo Bernabé y yo estamos obligados a ganarnos la vida con otros trabajos? ¿Qué soldado presta servicio militar pagándose sus propios gastos? ¿Qué agricultor planta un viñedo y no come de sus uvas? ¿Qué pastor cuida un rebaño y no toma de la leche que ordeña? No piensen que digo esto solamente desde un punto de vista humano. ¿No lo dice también la ley? Porque en la ley de Moisés está escrito: 'No le pongas bozal al buey mientras está trillando'. ¿Acaso se preocupa Dios por los bueyes o lo dice más bien por nosotros? Por supuesto que lo dice por nosotros, porque cuando el labrador ara y el segador trilla, deben hacerlo con la esperanza de participar de la cosecha. Si hemos sembrado semilla espiritual entre ustedes, ¿será mucho pedir que cosechemos de ustedes lo material? Si otros tienen derecho a este sustento de parte de ustedes, ¿no lo tendremos aún más nosotros?... ¿No saben que los que sirven en el templo reciben su alimento del templo y que los que atienden el altar participan de lo que se ofrece en el altar? Así también el Señor ha ordenado que quienes predican el evangelio vivan de este ministerio.

La apología que realiza Pablo en este pasaje es brillante. Se defiende de los insólitos ataques argumentativos de inmaduros creyentes corintios que cuestionaban su autoridad ministerial. Primeramente, Pablo menciona el básico derecho de comer y beber. Hasta las personas privadas de su libertad, en toda la historia, han tenido este derecho por una sencilla razón: su subsistencia física. No en vano, cuando el diablo intenta hacer caer en pecado a Jesucristo hombre, comienza con el tema del pan (Mateo 4:3). El apóstol de Tarso conecta la idea elemental de la alimentación como un derecho inalienable que debe ser canalizado por medio del trabajo ministerial sostenido por la iglesia, por más que Bernabé y él se sustentaban con otros trabajos (v. 6).

Es aquí donde recuerdo una jugosa anécdota de mis años de estudiante de teología en el Seminario Bautista hace más de cuarenta años. El pastor Ignacio Loredo, quien tenía la cátedra de eclesiología, nos encomendó un trabajo práctico bajo la presuposición de que una iglesia local nos invitaba a hacernos cargo del liderazgo pastoral con dedicación a tiempo completo, y cada uno de los alumnos debíamos escribir la visión, nuestras ideas sobre la organización de esa iglesia, los propósitos y demás aspectos que caracterizarían nuestro trabajo ministerial. Recuerdo que, con mucha pasión, entusiasmo y creatividad, realicé la tarea asignada, pero no pude contener la risa cuando el profesor me entregó el trabajo corregido. Al lado de la calificación numérica 9, me escribió con gruesos trazos de bolígrafo rojo: "¿Y *la guita?*" [dinero] Haciendo una clara alusión a la ausencia absoluta, en mi proyecto ministerial, del tema del sustento económico. Era más que evidente la importancia del sustento material en el proyecto que estaba presentando, pero, por razones extrañas de las cuales yo mismo ignoraba, no lo había contemplado.

En segundo lugar, el apóstol Pablo acude a tres oficios muy populares para mantener la línea argumentativa del sostenimiento pastoral: el servicio militar, el agricultor de un viñedo y el pastor de ovejas. Cada uno de ellos es sostenido con el fruto de su trabajo. El soldado no paga su propio uniforme ni la propia comida mientras está en el servicio castrense. El agricultor come de las propias uvas que cultiva, y el pastor toma la leche que ordeña de las ovejas o de los animales que cuida. En definitiva, naturalmente y por sentido común, aquellos que tienen una dedicación específica a aquellas tareas "gozan" del fruto de esas tareas.

Es aquí donde el apóstol Pablo acude a la rigurosa ley de Moisés, que en el libro de Deuteronomio 25:4, declara: "No le pongas bozal al buey mientras esté trillando". La alusión en este texto es que inclusive una "bestia", como lo es un buey, tiene regulada la alimentación como fruto de su trabajo, pues está trillando el trigo. Con una ironía digna de su estilo literario y de su pasión santa, el apóstol Pablo aclara que aquí no está hablando del buey, sino de nosotros, ya que es legítimo que quien trabaja tenga expectativa de participar de la cosecha.

Finalmente, el misionero a los gentiles remata su argumento a favor del sostenimiento económico con una nueva alusión sarcástica: si ellos sembraron lo espiritual, ¿será mucho pedir que cosechen lo material? Claramente, por todo el contexto del pasaje, se desprende que Pablo no tiene intenciones avaras o materialistas; y la prueba de ello es que había decidido sustentarse económicamente con recursos "fuera" del ministerio. Esa había sido una decisión personal y puntual, que hoy es imitada, por diferentes razones, por miles de obreros. Pero de ninguna manera niega la verdad bíblica de la legitimidad del sostenimiento económico del ministerio por parte de la primera beneficiada del mismo, que es la iglesia local.

En un sector muy importante del pueblo evangélico, la actitud "excepcional" que tuvo el apóstol Pablo de no recibir sostenimiento económico por parte de la iglesia en Corinto es curiosamente tomada como una regla y no como una excepción a ella. Sobre este tema, Ernesto Trenchard nos trae una luz clarificadora:

Una excepción a la regla... 'Más yo de nada esto me he aprovechado, ni escribo estas cosas para que se haga así conmigo', dice Pablo, y no es posible entender las palabras sino en el sentido de que se había determinado no recibir ayuda económica de la iglesia en Corinto. La excepción se destaca con mayor claridad en 2 Corintios 11:8 y 9: 'A otras iglesias despojé, recibiendo subsidios, para serviros a vosotros; y cuando estaba con vosotros y me faltaron recursos, no fui carga para nadie, porque suplieron con abundancia mi escasez los hermanos cuando vinieron de Macedonia...'. El apóstol siente tanto esta necesidad de no depender de los corintios en lo económico que su emoción afecta la ilación gramatical de los versos que estamos considerando. Los más escriturarios creen que la cláusula 'porque mejor me sería morir' queda sin terminar. Había de añadir algo como: '... que cambiar esta norma'. Sin embargo, interrumpe la secuencia normal del pensamiento para exclamar: '¡Esta gloria mía nadie la hará vana!'. Sin duda, la base de tan extraña determinación se halla en la mentalidad de los corintios, cuyas tendencias partidistas y cuyo engreimiento frente a su 'padre en Cristo' ya hemos tenido la ocasión de estudiar. Pablo percibía un espíritu de suspicacia, dispuesto a interpretar mal sus acciones más inocentes; de envidia, que no podía soportar que nadie se destacara aparte de los predilectos de cada sector. El hecho de recibir ayuda de los macedonios 'mientras laboraba en Corinto' enfatiza que el apóstol sentía la necesidad de evitar de todos modos la entrega a los díscolos de un arma que habrían podido emplear contra su ministerio apostólico. Al mismo tiempo, una decisión tan firme no podía por menos que entristecer a buenos siervos de Dios en Corinto, como Estefanas. Las amplias simpatías de los hermanos de Macedonia nos sirven de hermoso ejemplo, ya que se les ve libres de todo localismo en su comunión en el evangelio[9].

---

[9] *Primera epístola a los corintios: cursos de estudio bíblico.* Trenchard Ernesto. Editorial Portavoz (1980).

¡Qué extraordinaria interpretación del célebre teólogo inglés! El apóstol Pablo nunca negó el derecho al sostenimiento económico de los siervos de Dios, sino que decidió excepcionalmente, por la particular situación de los hermanos en Corinto, no ser sustentado por ellos. Tristemente, en América Latina, la excepción fue enseñada como una regla en muchísimos sectores de la iglesia; y hasta el día de hoy esta línea de pensamiento lleva a las congregaciones a un estado de estancamiento, muchas veces influida por un "espíritu de miseria"[10].

Reforzando el argumento sostenido por el apóstol Pablo en la clarificadora primera carta a los Corintios, el misionero Daniel Chevriau sostiene:

> Aunque a alguien le parezca extraño o vergonzoso, el ministerio pastoral cristiano tiene un derecho establecido por Dios de recibir una devolución adecuada a su labor. La mentalidad que opina lo contrario es aquella que no cree que el pastorado sea un trabajo, pero la realidad indica que sí lo es, a pesar de que a lo largo de la historia muchísimos fieles hermanos hayan sido pastores sin recibir nada a cambio. La iglesia latinoamericana en muchas ocasiones es culpable de esta mentalidad, la cual considera al pastor como una especie de 'vago' que no tiene ningún tipo de derecho de recibir una remuneración adecuada[11].

4. ¿LEVITAS O PASTORES?

La pregunta que intenta asemejar la tarea de los "levitas" del Antiguo Pacto a los pastores del Nuevo es reiterada en casi todo el abanico de comunidades evangélicas. Como tan claramente se

---

[10] Concepto desarrollado en *Adoradores de Mamon*, Néstor Golluscio. Oración publicaciones (2024).

[11] *El sustento del Pastor*, Daniel Chevriau. Editorial salvación (2005).

evidencia en el tercer libro de la ley y de todo el canon bíblico, Dios ordenó que fuera la tribu de Leví la que se ocupara de la tarea sacerdotal, y en esa "dedicación exclusiva" todas las otras tribus de Israel debían sostener económicamente, por medio de las primicias, diezmos y ofrendas, todo el servicio de lo sagrado y del templo, lo cual incluía, lógicamente, el sostenimiento económico de los sacerdotes. Solo como uno de los tantos pasajes bíblicos, los primeros ocho versículos del capítulo 18 del libro de Deuteronomio explican con lujo de detalles la tarea que realizarían los levitas.

Los creyentes del Nuevo Pacto, es decir, todos nosotros, no vivimos bajo las regulaciones de la ley de Moisés. La doctrina del sacerdocio de todos los creyentes, redescubierta por Martín Lutero en la Reforma Protestante, sepulta la idea de una "casta" sacerdotal que sí existía bajo el Antiguo Pacto, y potencia la participación de todos los hijos de Dios en el ministerio de la iglesia local. Nuevamente, Daniel Chevriau, con meridiana claridad, plantea y responde el interrogante:

> ¿Existe algún tipo de analogía entre el ministerio de los sacerdotes israelitas y el de los pastores cristianos? En lo que se refiere al servicio propiamente dicho, más allá de algunos simbolismos que alguien pudiera descubrir, no hay forma de comparar una cosa con otra; pero en cuanto a su origen (designados por Dios), sus responsabilidades (entrega total al Señor) y su sustento, debemos decir que prácticamente estamos hablando del mismo sentir del Padre, a pesar de que hablamos de tiempos y funciones totalmente diferentes. Quiero decir que los principios establecidos para el sostenimiento del sacerdocio levítico son totalmente aplicables al ministro de nuestra época, concepto que está establecido por el mismo apóstol Pablo.

No son pocas las congregaciones que, por tradición o por convicción administrativa, tienen la práctica de que sus miembros entreguen sus diezmos directamente al pastor de la congregación. Volviendo a repasar el primer punto de nuestro análisis, no habría la mínima dificultad en esta práctica si forma parte de un "acuerdo". Desde la óptica de este servidor, el único obstáculo que observo en esta práctica tiene que ver con la administración general de la iglesia. ¿Cómo afronta la comunidad de fe los gastos operativos del ministerio? ¿Es el pastor quien debe sufragar esos gastos? ¿Cuál es el dinero del pastor y cuál es el dinero de la iglesia? ¿Cómo se distinguen? En el caso de que la iglesia experimente un crecimiento numérico y necesite otros obreros que se dediquen tiempo completo a sus tareas, ¿quién le paga el salario? ¿La iglesia o el pastor?

Como el lector comprenderá, las preguntas precedentes tienen el poder de generar otras, donde inexorablemente el tema de la transparencia y la pulcritud administrativa salen a la luz. La figura de un administrador, supervisado y direccionado puntualmente por el pastor de la iglesia, puede ser la respuesta y la salida a los interrogantes anteriores. En conclusión, al inagotable tema del sostenimiento de los obreros, especialmente del pastor, podemos elaborar los siguientes postulados:

 La iglesia local debe tener fuerte conciencia del sostenimiento económico de los obreros con dedicación especial. Es la palabra de Dios la que, inequívocamente, declara que "los ancianos que gobiernan bien son dignos de doble honra" (1 Timoteo 5:17). Este término "honra" tiene originalmente una acepción dineraria.

 Los pastores deben ser sostenidos dignamente. Creo interpretar el adjetivo "dignamente" como la suficiencia de

recursos necesarios para que el siervo de Dios y su familia puedan vivir sin apremios económicos y con las actualizaciones salariales acordes a la realidad inflacionaria del país en donde ministran. La dignidad también se expresa permitiendo que el pastor tenga los gastos cubiertos de viáticos y hospedaje en su retroalimentación por medio de congresos, retiros espirituales y otras actividades, de las cuales finalmente toda la congregación será beneficiaria. La dignidad también incluye favorecer al pastor y a su familia con un tiempo anual de descanso para fortalecer la salud física, emocional y espiritual.

Serán las actuales y futuras generaciones de creyentes quienes, abandonando prejuicios y siendo abiertos a la siempre viva revelación bíblica, avancen con integridad y madurez espiritual para que los pastores y obreros que acuerden desarrollar un nivel de dedicación completa o exclusiva sean sostenidos con dignidad por las comunidades de fe.

EPÍLOGO
LÍDERES REMADORES

Hasta el regreso glorioso de nuestro Señor Jesucristo habrá necesidad de líderes, pero especialmente de "líderes remadores". No me resultaría extraño, querido lector, que seas uno de ellos. A lo largo de las páginas de esta obra, es muy probable que te hayas sentido desafiado, reflejado, incentivado e, inclusive, incomodado por la tesis aquí presentada.

Más allá de la cercanía o el alejamiento intelectual de los conceptos vertidos en el presente trabajo, lo verdaderamente importante es que puedas adquirir las herramientas útiles y necesarias para desarrollar la obra que Dios te ha entregado.

Ser un "remador" implica una actitud definida y clara. El premio más maravilloso es el que prepara el Señor para todos los que le sirven de verdad. Pero también existe un premio terrenal que no consiste en oro ni plata, sino en el legado que otras generaciones obtendrán de tu servicio. En uno de los momentos más difíciles de mi vida de remador, otro remador amigo me envió una palabra con la cual quiero cerrar este libro:

Porque Dios no es injusto para olvidar vuestra obra y el trabajo de amor que habéis mostrado hacia su nombre, habiendo servido a los santos y sirviéndoles aún
(Hebreos 6:10)

Tenlo por seguro, "remador". Dios no se olvida.